高校跨学科复合型创新创业人才培养模式研究

李国辉　著

张红雷　李翠兰　陈东明　参著

吉林文史出版社

图书在版编目（CIP）数据

高校跨学科复合型创新创业人才培养模式研究 / 李
国辉著. -- 长春：吉林文史出版社，2019.6

ISBN 978-7-5472-6253-5

Ⅰ.①高… Ⅱ.①李… Ⅲ.①高等学校－人才培养－
培养模式－研究－中国 Ⅳ.①G649.2

中国版本图书馆CIP数据核字(2019)第117918号

GAOXIAO KUAXUEKE FUHEXING CHUANGXIN CHUANGYE
RENCAI PEIYANG MOSHI YANJIU

书　　名	高校跨学科复合型创新创业人才培养模式研究
作　　者	李国辉
责任编辑	张雪霜
封面设计	徐芳芳
出版发行	吉林文史出版社有限责任公司
地　　址	长春市福祉大路5788号
网　　址	www.jlws.com.cn
印　　刷	定州启航印刷有限公司
开　　本	787mm×1092mm　16开
印　　张	6.75
字　　数	150千
版　　次	2019年6月第1版　2019年6月第1次印刷
定　　价	45.00元
书　　号	ISBN 978-7-5472-6253-5

前　言

　　人类迈入 21 世纪的门槛后，整个地球犹如高速奔驰的列车，全球化进程不断加快，知识经济日益显现，现代科技突飞猛进，世界各国经济竞争和综合国力竞争愈加激烈。我国要在 21 世纪的国际社会中占有一定的地位和具有较强的竞争实力，就必须培养大批具有创新意识和创新能力的人才。建设创新型国家，关键在人才，尤其是创新型科技人才。必须坚持人才资源是第一资源的战略思想，把培养造就创新型科技人才作为建设创新型国家的战略举措，加紧建设一支宏大的创新科技人才队伍。

　　创新创业人才培养是指通过开发和提高学生创新创业基本素质和创新创业能力的教育，使学生具备从事创新创业实践活动所必需的知识、能力及心理品质。世界首届高等教育会议上就曾强调：高等教育必须将培养学生创业技能和创新精神作为基本目标，以使高校毕业生不仅仅是求职者，而且是工作岗位的创造者。

　　知识经济的来临推动着中国高等教育的快速发展。中国特色社会主义市场经济的变革以及高等教育大众化阶段的到来，使得今天的高等教育的三大功能——科学研究、社会服务以及人才培养面临着巨大的挑战与机遇。我国提出的创新型国家建设对高等教育提出了更高的要求，因此，跨学科创新人才的培养成为今天我们应重点关注的课题。同时，生态学对高等教育研究视角的创新也引导我们去研究与之相关联的跨学科人才培养生态环境，从而在理论与实践层次上抽象出能够反映跨学科人才培养与其生态环境之间的复杂关系，揭示跨学科人才培养的规律，这也是我们高等教育改革与发展的重要研究任务之一。

　　由于编者时间和精力有限，书中难免尚有不足之处，敬请各位同人及读者批评指正，以便编者日后再版修订时进一步完善。

编　者

2019年2月

目　录

第一章　高校创新创业人才培养研究

第一节　创新创业人才的需求研究

一、社会经济整体转型带来的就业压力日益加剧

受当前世界经济大环境影响,中国新常态下的经济增长下行压力加大。2015 年 6 月 10 日,中国人民银行工作论文栏目发表了题为《2015 年中国宏观经济预测(年中更新)》的报告。该报告指出,与 2014 年 12 月该小组所作的预测相比,该报告小组将 2015 年实际 GDP 增速的基准预测值由 7.1%下调至 7.0%,对 2015 年固定资产投资增速的最新预测为 12.6%,对社会消费品零售总额增速的最新预测为 10.7%,均比原预测略有下降。该报告预计,虽然上半年中国经济增速低于预期,但考虑到房地产市场开始企稳,2015 年上半年出台的稳增长举措将在未来几个月内开始显现积极效果,以及 2015 年世界经济也将有所复苏等因素,估计 2015 年下半年中国 GDP 环比增速将会略高于上半年。经济增长压力加大导致我国社会产生整体转型。转型不仅使我国社会实现了持续快速的发展,而且也带来了一些前所未有的压力,其中之一就是日益严重的就业问题。

根据教育部统计,2005—2015 年这 10 年来全国高校毕业生数量呈快速增长的趋势:2005 年全国高校毕业生为 338 万人,2007 年为 495 万人,2013 年毕业生人数达到 699 万人,2014 年毕业生人数继续走高,达到 727 万人,而 2015 年毕业生达到 749 万人。2015 年 5 月 29 日,北京青年压力管理服务中心发布了《2015 年中国大学生就业压力调查报告》。该报告指出,毕业生人数在年年递增,就业难也似乎成了常态。连续几年的"史上最难就业季"给人的感觉是:对于就业,"没有最难,只有更难"。报告显示,2015 年的就业压力感受平均数为 18.39,明显高于 2014 年的压力水平。在衡量压力大小的 5 项指标上,以情绪体验最为突出。这说明,年轻求职者在情绪管理的意识与技能方面仍需提高。另外,不同学历的比较中,专科生和硕士生的压力最大,形成"高压硕士"现象。

该报告还对毕业生的毕业选择做了详细的分析,在毕业生的就业选择中,超过半数的人(8973 人,57.1%)认为应该找工作就业;有创业想法的人数达 3622 人(23%),超过想考研的人数(2083 人,13.2%)近 10 个百分点,这一比例差距相比于 2014 年更大;极少数人(495 人,

3.1%)认为应当出国深造;也有人(555人,3.5%)认为可以等几年再说。对比2014年的数据,2015年求职者中表示想创业和就业的人数比例都有所上升,而选择考研的比例有所下降。

该报告对学校的类型做了详细的比较,比较发现:不论所在学校类别如何,毕业选择中"就业"均毫无疑问地排在首位。排在第二位的在不同类型的学校间有一定差异:在国家211工程高校中排在第二位的是考研;在其他类型的学校中,排在第二位的是创业。而出国和等几年这两个选项均是排在最后的。

该报告还从毕业选择与压力应对方面做了比较分析,相对于其他就业选择的求职者来说,选择毕业后等几年再说的求职者本身就是奉行回避与拖延的人生哲学,因此,他们在消极的压力应对方式上的得分显著地高于其他几类求职者也就不足为怪了。

该报告对毕业生毕业选择的总趋势做了详细的分析,结果表明:毕业后选择直接"就业"的依然为主体人群,并且在比例上较2014年明显上升;相反,2015年选择"考研"的比例较2014年明显下降,选择"创业"的人群不仅相比2014年有所增长,而且也明显超过2015年选择"考研"的人群比例。这些结果表明,高学历不再是毕业生所追求的主要目标,往年的考研大军2015年已有相当一部分分流到了直接就业和创业这两支队伍中去了。这可能也是导致2015年就业压力回升的原因之一。

中国社会科学院发布的2015年《社会蓝皮书》指出:"经济增长速度和中国劳动力总量供给从双增长转向双下降,导致人力资源市场供求同时下降。"《社会蓝皮书》还指出,按照目前高校招生规模不变进行预测,到2020年,劳动年龄人口中大专及以上学历比重将升至21.6%,到2030年将超过30%,高校毕业生占青年劳动力的比例将进一步加大。但有关统计显示,每年约有25%的应届毕业生在毕业之前不能找到合适的岗位,部分长期失业的高校毕业生,其就业更趋困难。

二、释放压力的有效途径——创新创业

在就业压力日益严重的社会背景下,扩大就业已成为社会和谐稳定和可持续发展的重大课题,也成为各级政府重要的执政目标。解决就业的结构性矛盾,需要全社会的参与和全方位的深化改革,要坚持市场导向,国家和市场应发挥好各自的作用。治本之道在于加快转变经济发展方式,使发展主要依靠科技进步、劳动者素质提高、管理创新转变;同时深化高教改革,通过用人机制、保障机制、评价机制等全方位的社会改革大力推行职业培训和创新创业,全面提升劳动者职业素质和就业能力,扩大就业,提高就业质量。

解决就业难的问题,除了扩大就业外,其根本出路在于创业。国家最近出台多项有关鼓励创业的政策。如2015年4月国务院发布的《关于进一步做好新形势下就业创业工作的意见》中提及,要"整合发展高校毕业生就业创业基金","高校毕业生等重点群体创办个体工

商户、个人独资企业的,可依法享受税收减免政策"等。随后,国务院办公厅印发了《关于深化高等学校创新创业教育改革的实施意见》,从健全创新创业课程体系、创新人才培养机制、改进创业指导服务等9个方面来促进大学生创新创业。

社会呼唤着创业者,而创业者需要长期悉心的培养与系统的理论指导。我国的大学必须对学生进行系统化的创新创业教育,这是保障国民经济具有强大的活力和社会稳定、快速发展之要求,是中华民族的百年大计,也是大学的应有之义。特别需要指出的是,在下岗职工与新增城镇就业人员、大学毕业生、农村富余劳动力和军转人员四大群体中,唯一的创业优势群体是大学毕业生,他们是最具有潜力的创业群体,理应承担扩大就业机会的重任。大学不应成为社会负担的增压器,而应成为社会压力的减压阀。

开展大学创新创业研究,是进一步推动我国大学生创新创业,尽快步入科学、快速、健康发展轨道的要求,同时也是拓展我国大学教育理念,构建与时俱进的大学教育理念体系,更好地发挥大学教育理论对新时期大学教育实践的指导作用的要求。可是,在当前大学教育主管部门价值评价、社会舆论导向、学子和家长的期盼等都聚焦在提高学生的就业率上,这种价值的引导和我国大学传统的知识本位价值观的局限,使得我国大学的创新创业还处在零星的意识或者感性的直觉层面,没有上升到系统化的理念与理论高度。这就导致大学对创业学和创新创业研究的匮乏,对学生的创新意识、创业精神、创业知识、创业能力的培养没有进行系统的安排,大学生作为创业者所应具有的识别与抵御风险、环境适应、全局性思维、系统化管理、战略规划以及综合运用知识等能力欠缺,他们创新的理性精神、对创业过程的科学认知和践行的知识准备不足。这已成为制约大学生创业发展的"瓶颈",也成为中国经济快速、稳定、长期发展的障碍因素。

这就要求我国大学必须在创新创业的理念、理论和实践研究上有所突破,践行创新创业方面的使命,培养和指导大批的学生,使他们在大学毕业以后能成为我国所急需的理性的创业者,这也是促进大学由知识教育向创新创业,再向创业型大学转变的重要手段与途径。

因此,高等学校应在科学的创新创业理念的引导下,将大学生的创业精神、创业知识和创业技能教育作为高等教育的基本目标之一。毕业生将不仅是求职者,而且是工作岗位的创造者,由他们来承担为社会弱势群体提供"饭碗"的重任,这不仅是当前我国社会稳定、协调之必需,也是保证我国政治安全和社会公正之要举。

三、创新创业之路亟须教育教学实践与高校办学理念的改革创新

(一)教育教学实践的改革创新

1.教育教学的深化改革

创新创业之路首先需要对教育教学进行深化改革,坚持以学生为本、教学优先的基本要

求,完善教学协调和管理机制,推动各种资源优先向教育教学一线倾斜。改革第一步即是创新教育教学方法,推进信息技术在教学中的广泛应用,建立健全师生互动、教学相长的制度保障,鼓励教师在教学中突出启发性、灵活性、探究性和创造性,努力培养学生的批判性思维和创新能力。同时,必须切实强化实践教学环节,增加实践教学比重,整合各类实践教学资源,加强课程教材、实验室和校内外实训基地建设。思维能力、创新能力与实践能力的养成是实现创新创业的先决条件。此外,应当建设高校教学联盟,打破学校之间、专业模块之间的壁垒,推进跨专业、跨学科、跨学校的学分互认,使学生能最大限度地自主安排学习时间和内容,并鼓励高校之间开展跨校选课、学分互认和学生相互访学,鼓励高校实施主辅修制、双专业制、学生导师制,促进学校全面发展。配合实施学分制和弹性学制,各高校要在课程设置、学籍管理、教学管理、学生管理等诸多方面进行配套改革,探索建立相应的服务支撑体系。要提供必要的政策支持,积极推动高校加入国际组织和协议,与国际高等教育专业认证制度接轨,实现国际间的学历互认。跨专业、跨学科、跨学校的教学模式可以帮助学生拓宽发展领域,完善自身知识体系,为创新创业积累资本。

2.多元化人才培养机制的建立健全

创新创业之路需要多元化人才培养机制的支持和保障。首先是创新产学研合作育人机制,积极推进科教结合协同育人,把优秀科研人员、先进实验室、前沿科研项目等优质资源引入高校的育人过程中,鼓励学生特别是专、本科学生及早参与课题研究、走进实验室,真正实现科技与教育的强强联合、资源共享和优势互补。除加强产学研合作育人,还须加强大学生创新创业教育,与地方政府科技产业园校企合作,鼓励企业通过自主立项资助高校开展大学生创新创业训练计划。完善创新创业教育运行保障机制,形成"专业教育+创新创业教育"深度融合的人才培养模式。同时要健全大学生创新创业教育成果孵化和转化机制、创新创业学分积累与转换的教学管理机制;完善大学生创新创业教育教学评价体系;健全大学生创新创业训练计划实施办法,遴选建设一批大学生创新创业实践教育中心和校企合作教育基地,支持大学生积极参与科学研究、技术开发和社会实践等创新创业活动。

(二)高校办学理念的改革创新——高度重视创新驱动服务地方

当前,众多国家纷纷将教育视为"立国之本",将科技视为"强国之路"。美国正在积极推动再工业化,欧洲正在大力推进以工业智能化为主要特征的"工业4.0",我国则出台了《关于深化体制机制改革加快实施创新驱动发展战略的若干意见》,全球新一轮科技革命和产业变革浪潮风起云涌。科研领域不断拓展,学科交叉融合不断加速,区域化、集群化、网络化的创新模式不断涌现。高校要充分认识创新驱动发展战略的本质内涵,利用高校科技人才优势,以科技创新培育新的增长点,健全创新体系,加大创新投入,提升创新能力,提高创新效率,积极发挥高校科技在创新驱动发展中的重要作用。

第二节　创业人才培养的背景

一、国际上的创新创业研究

培养学生的创新创业能力、开展创新创业教育在国外一些发达国家早已开始,并在很短的时间内风靡全球,被多个国家的教育界所推崇。美国是最早在学校培养学生创业能力的国家。早在 1919 年,美国的青年商业社便对高中生实施商业实践教育。1947 年,哈佛大学商学院开出美国大学第一门创新创业课程。20 世纪 80 年代,以比尔·盖茨为代表的创业者掀起一场"创业革命",美国高校的创业教育迅速发展。1979 年有 127 所高校开设本科创新创业课程,2005 年已增至 1600 多所。1970 年美国第一次创业学术会议在普渡大学召开,42 位专家主要围绕创业成功案例进行交流,代表性的案例主要是麻省理工学院的分拆公司、硅谷的启示等,内容也涉及大学在促进创业发展中的作用。

此外,1973 年第一届创业研究国际会议在加拿大的多伦多举行,来自波士顿大学、得克萨斯州大学、卡耐基梅隆大学和密歇根大学的学者们就创业的案例研究与大学的创新创业的双向互动关系进行了阐述;1974 年,在美国管理学会的年会期间组建了"创业研究兴趣团体";1980 年在贝勒大学召开了"第一届当前创业研究发展水平研讨会",此后,该研讨会每 5 年召开一次;1981 年美国百森商学院开始举办"百森创业研究年会",佐治亚理工学院、沃顿商学院、圣路易大学、匹兹堡大学、华盛顿大学和伦敦商学院渐次成为该年会的协办者;1987 年美国管理学会将创业研究作为一个分领域正式纳入了管理学科。

联合国教科文组织于 20 世纪 80 年代末首次提出创新创业的教育理念,并于 1989—1998 年先后召开数次关于世界高等教育如何面向 21 世纪的大型会议。会议强调高校要给学生发第三本护照——"创业能力护照",因为"学位 ≠ 工作";要培养学生的创业技能与主动精神;毕业生将不仅是求职者,而且是工作岗位的创造者。该理念自提出以来常做更新,置于不同地域、不同时段,都有其不同的时代特色。目前,创新创业课程已成为美、日高校的必修、辅修或培训重点科目。美国有近 400 所大学至少开设一门创新创业学课程,包括哈佛大学、斯坦福大学、宾夕法尼亚大学等一流研究型大学。日本高校创新创业课程是必修课,已经形成了完备的创新创业课程体系。

对于创新创业的理论研究,国际上也已产生诸多较为成熟的研究成果和看法。被美国誉为从事创业学教育领袖人物的杰弗里·蒂蒙斯教授有很多独到的研究成果。他在创业管理、新企业创建、创业融资、风险投资、创新性课程开发等方面进行系统研究,并在百森商学院全面推行。其特点是,第一,以前瞻的教育理念来应对正在发生的"创业一代的兴起与传统产业的衰退这场静悄悄的大变革"。第二,以系统的课程设计来培养学生的创业能力,课程体系包括战略与商业机会、创业者、资源需求与商业计划、创业企业融资和快速成长五部分。第三,通过"以问题为中心"和大量案例分析的鲜活教学方式来促使学生们积极思考。第四,促成企业为学生创造模拟创业实践的机会。蒂蒙斯提出了创业过程模型:(1)创业过程依赖于机会、创业团队和资源这个要素的匹配和平衡;(2)创业过程是一开始就进行的连续的寻求平衡的行为。而威克姆的创业模型则包括:(1)创业活动包括创业者、机会、组织和资源四个要素;(2)创业者任务的本质就是有效处理机会、资源和组织之间的关系,是一个不断学习的过程。美国的戴维·西尔弗提出创业资本定律 $V = P \times S \times K \times E$($V$=实现的价值;$P$=解决的问题;$S$=解决办法的合适度;$E$=创业小组的素质)。他以该定律为基础具体探讨了创业投资的目标:通过选择一个潜在的成功企业家以及他或她的合作者"E",去创造财富或实现高价值"V";这些成功的企业家已经确定了一个重大问题"P",并且已经创造了一个他们打算通过一个新公司来加以解决的绝妙解决办法"S"。日本索尼集团前总裁盛田昭夫提出"空隙理论":填补市场空隙就可以创造出意外的事业,教育也是同样,填补创新创业的空隙就可以创造出意想不到的效果。克雷森认为,欧盟必须像美国那样大大提高创业和创新精神,创造适宜的环境,使科学家、企业家、金融家和咨询家达到发展和结晶的"熔点"。20世纪 90 年代以后,美国、加拿大等国的创新创业,正在由注重个人的能力培养转向注重团队、公司、行业和社会。强调创业是一种管理风格,它不仅在创办新企业时需要,大企业、非营利机构同样需要,但是在其他国家和地区,对创新创业的认识还"驻留"在对个人的培养层面。澳大利亚教育委员会、就业和培训组织以及青年事务管理部门等组织主要从对个体意识、品质和技能的培养方面来理解"创新创业",他们认为,创新创业是一种直接指向培养年轻人能力、技巧和革新性、创造性、开创性等个性品质的教育,它不仅能够帮助年轻人成功地把握生活和工作中的各种机会,还能够帮助年轻人为自己工作。德国大学校长会议和全德雇主协会在 1998 年联合发起一项名为"独立精神"的倡议,呼吁高等学校成为"创业者的熔炉"。印度的《国家教育政策》明确要求培养学生"自我就业所需要的态度、知识和技能"。

二、国内的创新创业研究

(一)国家、政府对创新创业空前重视

1998 年,我国正式将创新创业确定为教育改革的重要内容,同时国家颁布的《关于深化教育改革全面推进素质教育的决定》中提出:高校开展创新创业是高等教育教育方法和教育方式的改革与创新,实施创新创业不仅是缓解目前毕业生就业压力的权宜之计,更重要的是通过创新创业培养了大学生的综合素质水平和适应社会发展的创新意识与能力。1999 年 1月,我国高等教育领域在公布的《面向 21 世纪教育振兴行动计划》中认可了创新创业,大学

生创新创业作为我国高等教育发展史上全新的理念具有更加深远的意义和研究价值,并赋予它更多新的内涵。

教育部于2002年确定清华大学、中国人民大学、北京航空航天大学等9所高校作为我国创新创业试点院校,这一行动,标志着我国政府支持创新创业的序幕正式拉开。2010年《国家中长期教育改革和发展规划纲要(2010—2020年)》明确提出要把推进创新创业作为今后10年提高人才培养质量的重要举措。同年,教育部专门出台了《关于大力推进高等学校创新创业和大学生自主创业工作的意见》(教办〔2010〕3号)文件,这被认为是第一个推进创新创业教育的全局性文件,文件提出了关于创新创业的四点要求,明确了"提高自主创新能力,建设创新型国家"和"促进以创业带动就业"的发展战略,大学生是最具创新、创业潜力的群体之一。在高等学校开展创新创业教育,积极鼓励高校学生自主创业,是教育系统深入学习实践科学发展观,服务于创新型国家建设的重大战略举措;是深化高等教育教学改革,培养学生创新精神和实践能力的重要途径;是落实以创业带动就业,促进高校毕业生充分就业的重要措施。

2012年出台了《普通本科学校创新创业教学基本要求(试行)》(教高厅〔2012〕4号)促进大学生创业的政策文件。

2014年5月,刘延东在全国普通高等学校毕业生就业创业工作电视电话会议上指出,要激励高校毕业生自主创业,高校要将创业教育纳入人才培养全过程中,全社会要为高校毕业生创业提供更多支持,加强典型引导,用身边的榜样激发学生的创业热情。2014年6月,人力资源和社会保障部、教育部等9部门共同出台了《大学生创业引领计划》(人社部发〔2014〕38号),要求进一步普及创业教育、加强创业培训、提供工商登记和银行开户便利、提供多渠道资金支持、提供创业经营场所支持、加强创业公共服务。

2015年国务院发布的《关于大力推进大众创业万众创新若干政策措施的意见》(国发〔2015〕32号)指出:推进大众创业、万众创新,是发展的动力之源,也是富民之道、公平之计、强国之策,对于推动经济结构调整、打造发展新引擎、增强发展新动力、走创新驱动发展道路具有重要意义,是稳增长、扩就业、激发亿万群众智慧和创造力,促进社会纵向流动、公平正义的重大举措。2015年《政府工作报告》提出,要改革完善相关体制机制,构建普惠性政策扶持体系,推动资金链引导创业创新链、创业创新链支持产业链、产业链带动就业链。

教育部原部长袁贵仁曾强调,深化创新创业改革是一项深入细致、艰巨繁重的长期任务、系统工程,各高校要以深化创新创业改革统领学校改革发展的各项工作,深化和弘扬育人为本、知行并举、协同育人的理念,以教育理念的深刻变革带动人才培养质量的全面提升,形成全社会关心支持创新创业和学生创新创业活动的良好环境。要把党中央、国务院提出的各项任务要求落小、落细、落实,抓住修订人才培养方案、健全课程体系、改进教学方法、提升教师能力、加强创新创业实践、改革教学管理制度等关键环节,着力推动创新创业改革向纵深发展。要不断完善创新创业的管理机制、服务保障机制、评价监督机制,确保创新创业改革遵循规律、扎实推进、久久为功,为创新创业人才培养清障搭台、提供保障,让千千万万大学生的创新创业活力能够竞相迸发、充分释放。

2015年10月21日,首届中国"互联网+"大学生创新创业大赛在吉林长春举行,李克强总理对首届中国"互联网+"大学生创新创业大赛做出重要批示,强调"把创新创业融入人才培养,厚植大众创业万众创新土壤"。时任教育部部长袁贵仁在闭幕式上强调,要全面贯彻落实习近平总书记的重要讲话和李克强总理对大赛做出的重要批示精神,全面深化高校创新创业改革,为促进大众创业、万众创新和建设创新型国家提供有力的人才支撑。刘延东也对深化创新创业改革做出了重要指示,要全面贯彻落实党中央、国务院的决策部署,以提高人才培养质量为核心,以创新人才培养机制为重点,以完善条件和政策保障为支撑,促进高等教育与经济社会紧密结合,加快培养规模宏大、富有创新精神、勇于投身实践的创新创业人才,为建设创新型国家、实现"两个一百年"奋斗目标和中华民族伟大复兴的中国梦提供强大的人才智力支撑。2015年《政府工作报告》将大众创业、万众创新提升到中国经济转型和保增长的"双引擎"之一的高度,显示出政府对创业和创新的重视。当前,我国正处于经济增长速度的换挡期、经济结构调整的阵痛期、前期刺激政策的消化期的"三期叠加"时期,面对制造业"去产能化"、房地产"去泡沫化"、金融体系"去杠杆化"、环境"去污染化"带来的经济增速放缓,要推动产业链和价值链从低端转向中高端,保持经济持续稳定增长,必须通过大众创业、万众创新,建立以市场需求为导向的创业生态,充分激发和释放新的消费潜力,引导社会资本投向新技术、新产品、新业态和新商业模式,加速中国经济结构转型升级。2015年7月李克强总理一周之内三提"创新创业"意味着什么?意味着中央政府2015年下半年将继续鼓励创新创业,以有效破解就业难题;意味着中央政府将继续鼓励创新创业,以催生经济社会发展新动力。

(二)高等学校陆续开展各类创新创业教育改革

伴随各类政策文件的出台,高校的创新创业也开始进行全新的试验。2006年3月,浙江商业职业技术学院尝试运行在校学生登记注册办企业,在全真环境中进行创新创业,当时这在我国高校尚属首例。该项创新创业工作被《光明日报》等主流媒体誉为"中国创新创业的破冰之旅",这些都预示着我国创新创业开始进入新的发展阶段。然而,随着创新创业重要性的体现,问题也随之产生:创新创业如何与专业教学相融合?创新创业如何体现在人才培养模式中?如何提高创新创业的成效?如何协同社会力量形成创新创业的合力?这些问题已成为我国目前推进创新创业的共同难题。

近年来,各地很多高校在健全创新创业组织体系、完善创新创业基础设施、开展创新创业教学与课外活动、加大创新创业资金支持等方面做出了诸多努力与探索,取得了一定的成绩,但整体来看,我们对大学生创新创业的关注度还不高,对创新创业的内涵和本质领会还不深、不透。总体而言,当前我国的创新创业存在以下主要问题:一是认识不到位,解放思想不够,没有把创新创业与素质教育和人才培养相结合;二是理解不到位,工作开展不够,将简单的创业技能或技巧培训等同于创新创业;三是落实不到位,模式构建不系统,没有形成融合教学综合改革和人才培养于一体的创新创业模式,且缺乏面向全体、分类施教的模式体现;四是硬件不到位,创业支持不够,不论是创新创业师资队伍、创业资金还是创业场地,我国用于创新创业的资源还都比较匮乏。

综上所述,我国创新创业较之于美国、日本等发达国家,起步较晚,尚处于"创业期",且存在诸多问题。如何在认识创新创业核心内涵及现状的基础上,积极探索创新创业新模式,是新形势下稳步推进教育教学改革亟待解决的重要问题。

三、中外高校创新创业教育发展比较及启示

当前新常态下的中国经济增长下行压力加大,导致我国社会整体转型,也带来了日益严重的就业问题。据国家人力资源和社会保障部最新统计数据显示,2015年全国高校毕业生总数将达到749万人,创历史新高,就业形势十分严峻,扩大就业已刻不容缓,根本出路在于创业。大力加强大学生创新创业教育,全面培养大学生的创新创业素质,既对缓解就业压力、构建和谐社会有益,还对促进经济增长、建设创新型国家起到积极而重要的作用,与起步较早的国外高校创新创业教育相比,我国高校开展的创新创业教育仍然处于萌芽阶段。研究国外高校创新创业教育的历史、发展与现状,可以为我国高校创新创业教育的开展提供有益借鉴。

(一)国外高校创新创业教育的发展特征

1.先于国内,教育理念先进

欧美国家创新创业教育始于20世纪初期,其中美国的青年商业社早在1919年便对高中生实施商业实践教育。1947年,哈佛大学商学院开设了第一门创新创业课程《新创业管理》。20世纪50年代,德国职业院校纷纷创建"模拟公司",成为当时创业教育中最具影响力的实践教学法。1966年,印度提出"自我就业教育"理念,鼓励高校毕业生积极创业。澳大利亚在20世纪60年代开始了专、本科层次的创业教育,20世纪80年代中期扩展至研究生水平,主要由技术和继续教育学院完成。1994年,日本高校开设"综合学科"的课程结构,其中就有一门创业必修课程《产业社会与人》。1999年11月,英国财政部投入7000万英镑巨资促成剑桥大学同麻省理工学院的合作,推动了英国高校创业教育的发展。

作为一种全新的教育理念,始于欧美的开放式创新创业教育,旨在培养全面发展的创新创业型人才,美国创业教育特别注重创新意识的培养和创业精神的塑造,把创新创业教育上

升到国家发展的战略地位。例如,百森商学院创始人蒂蒙斯教授就认为创业教育是为未来的人设定"创业遗传代码",以培养他们的创业意识和创业精神为价值取向。日本则通过创业教育培养学生的创业意识和创业精神,提高创业技能,使学生能够很好地面对社会现实的挑战,并具有冒险精神。英国将创业作为一种未来的职业选择,认为学生接受创业教育的目的在于培养学生的创业精神,适应知识经济时代的挑战。澳大利亚通过建立"小企业创业机构"重点培养学生的创业意识,激发其创业激情,挖掘其潜能,使学生具备开办小企业的能力。新加坡确立创业教育要适合经济和工业发展的指导思想,其创业教育起步虽然较晚,但由于高校、企业单位和国家之间的联动合作,实现了跨越式发展。

2.创新创业教育及课程体系完整

由于国外创新创业教育发展较早,也形成了完整的创新创业教育体系和系统的创新创业教育课程:美国创新创业教育涵盖了从小学、初中、高中到大学专科、本科、研究生全部正规的教育范围,教育内容与形式、教学方式与方法都有了重大改进,成为美国教育尤其是高等教育的重要组成部分,并与专业教育、职业教育紧密结合。同时,其创新创业教育课程也非常系统,内容涵盖创新创业构思、新企业设立、项目融资、企业管理等各个方面,并且本科课程与研究生课程有所差异。以著名的美国百森商学院"创业学"课程体系为例,其开设的创新创业课程涵盖了战略与商业机会、创业者、资源与商业计划、创业企业融资与快速成长等五个部分,整合了创新创业所需要的意识、个性特质、核心能力等"创业遗传代码"和创业相关的社会知识。日本尤为重视创业教育的衔接,开展连贯性的创业教育,高校非常重视与小学、初中、高中的校际合作,在每个教育阶段开展有针对性的创业教育,而创新创业教育课程体系则由高到低,由专业到普及,系统地涵盖了依次递升的以下四种典型模式:培养实际管理经验的创业家专门教育型模式、培养系统的创业知识和创业技能的经营技能演习型模式、创业技能副专业型模式、培养创业意识和创业精神的企业家精神涵养型模式。澳大利亚的创业教育主要在职业教育与培训中进行积极推行模块化教学,大多院校采用了四套模块化教材:综合性介绍类、工业类、商业发展类和远程教育类。

3.注重师资队伍建设并成效卓著

国外创新创业教育所取得的成就是与重视教师队伍建设分不开的。美国创新创业教育师资由一支理论功底深、实战经验强的专、兼职教师队伍组成,专职教师根据专业需求来确定数量,同时引进社会上有创业实践经历又具有一定学术背景的人士负责兼职创业教学与研究工作,尤其是聘请成功企业家为客座教授。此外,不断组织教师参加创业活动以获得真实的创业体验,通过系统的专门培训习得创业教育相关知识,举办创业案例示范教学或研讨会促进经验交流。例如,斯坦福大学开设的"创业管理"课程就安排两位教师同时授课,一位是理论知识丰富的学校专职教授,另一位则是拥有丰富创业实战经验的企业客座教授。日本高校通过产学合作机制培养建设创新创业师资队伍,如通过聘请社会企业人员到学校任教、教员到企业参观学习或锻炼等计划,提升教师创业理论和实践知识。新加坡理工学院强调培养"双师型"师资,既注重教师的理论培养,又关注其实践经验提升,80%的教师都曾在相关企业从事实践工作。澳大利亚高校也建立了专、兼职结合的师资队伍,其中技术与继续教育学院小企业培训中就有许多兼职教师,他们大多是具备一定理论知识的小企业家,师资的专兼职比例达到了4:6。德国的12所高校通过设立创业首席教授,鼓励他们专门讲授创业课程并从事创业研究工作。

4.学生创业实践能力得到显著提升

国外高校创新创业教育尤为关注学生创业实践能力的培养。在美国百森商学院的"新生管理体验"课中,入学新生们被分成若干个团队进行创业实践,每个团队均有创业指导老师并可获得3000美元的启动贷款资金,待学年结束后要还本付息。日本的创业实践教育则较为系统。低年级学生接受创业启蒙教育,一般是参观企业、工厂,听取创业方面的讲座;高年级学生则接受创业实践教育,参加创业技能培训、项目研发、创业大赛;研究生主要投入创业实践中,加入创业园、高校创业孵化基地,体验创业实践过程。印度高校纷纷成立创业中心以协调创业过程中产生的各种问题,还每年举办国际性商业计划书大赛,同时许多高校常年组织举办全国性或国际性创新创业大赛,大幅提升了学生的创新创业实践能力。

5.校内外创新创业教育氛围浓厚

成熟的国外创新创业教育经过几十年的发展已经营造出良好的氛围。得克萨斯大学奥斯汀分校、麻省理工学院、斯坦福大学等十几所高校常年举办创业计划竞赛,每年有五六家新企业从麻省理工学院的"5万美元商业计划竞赛"中产生,还有不少创业计划及团队被企业高价买走。创业计划直接孵化出的企业中有几年内就发展成年营业额超10亿美元的大型公司。美国高校鼓励大学生边学习边创业,甚至像比尔·盖茨那样停止学业去创业的成功案例也不在少数。美国高校的创业中心密切联系孵化器、科技园、风投机构、创业培训机构、创业资质评定机构、小企业开发中心、创业者校友联合会与创业者协会等组织,促成了高校、社区、企业良性互动式发展的创业教育浓厚氛围。美国的创新创业教育也得到了社会各界的广泛支持,自从1951年成立了第一个主要赞助创新创业教育的基金会——科尔曼基金会以来,美国出现了许多支持创业的基金会,譬如考夫曼创业流动基金中心、国家独立企业联合会等。这些社会机构提供的基金赞助创新创业竞赛,激励学生创新创业,开发创新创业教育课程。部分亚洲国家通过法律法规建设来促进创新创业教育的发展,如印度1986年颁布的《国家教育政策》和日本1998年颁布的《大学技术转移促进法》;而欧洲国家则主要通过实施创业项目和计划来激励大学生创业,如"青年创业计划"与"大学生创业项目"(英)、"青年挑战计划"(法)、"独立精神计划"(德)等。国外创新创业教育氛围的营造除了政府的高度重视外,也少不了民间组织的参与,如隶属于英国贸工部的"小企业服务"中心与学校合作,成立了大学生创业委员会,为大学生进行创业提供了咨询、服务、决策参考及资金支持。

（二）国内高校创新创业教育的发展现状

1.起步较晚但政府支持力度渐增

我国社会形式的创业教育始于1978年党和国家规划深圳经济特区；1997年清华大学经济管理学院在MBA项目中开始开设创新与创业方向课程；2000年西北工业大学率先开始开设创业课程并编写教材；2002年4月教育部确立清华大学等9所创业教育试点院校；2006年3月，浙江商业职业技术学院尝试运行在校学生登记注册办企业，在全真环境中进行创业教育，被誉为"中国创业教育的破冰之旅"。总的来说，我国高校创业教育仍处于探索阶段，还未像国外那样将创业作为研究方向或专业，也还未形成完善的适合我国国情的完整化、制度化的教育体系与模式。但是，从中央至地方各级政府为支持创新创业教育陆续制定并颁布了一系列相关规章、政策并给予资金资助和保障服务，如《国家中长期教育改革和发展规划纲要》《关于大力推进高等学校创新创业教育和大学生自主创业工作的意见》《普通本科学校创业教育教学基本要求（试行）》《大学生创业引领计划》《关于深化高等学校创新创业教育改革的实施意见》等，这些都为大学生创新创业提供了政策和法律遵循。

2.教育模式雏形已定

自2002年教育部确定9所试点院校开展创业教育以来，国内高校的创新创业教育主要采用三种模式：第一种是以中国人民大学为代表的将第一课堂和第二课堂结合起来开展创业教育，重在培养学生的创业意识，构建创业知识结构，完善学生综合素养。此模式已为多数高校所普遍采用。第二种是以黑龙江大学、北京航空航天大学为代表的通过组建职能化、实体化的创业教学机构来推进创业教育。第三种是以上海交通大学、复旦大学与武汉大学为代表的以创新为核心的综合式创业教育。

3.课程设置体系初步形成

2012年8月，教育部颁布了《普通本科学校创业教育教学基本要求》，要求本科高校创造条件面向全体学生开设"创业基础"必修课，将创业教育与学生的专业教育有机地结合起来，培养创新型人才。当前，国内高校创新创业课程设置主要有基础理论课程、专业课程与实务和实践类课程三大模块。创业教育基础理论课程模块主要有"职业生涯规划""企业家精神"等课程，目的在于激发学生的创业意识、拓宽知识结构、提高素质、培育商业道德等；专业课程包括"市场预测与企业风险管理""企业运营和管理"及"新创企业融资"等课程，以必修课和选修课的形式进行；实践类课程以创业大赛、实地考察、创业体验和野外拓展训练等方式展开，同时，课程教材也在逐渐摆脱以往依靠翻译国外专著或教材的局面，先后出版了大量由国内高校教师编写的高水平教材。

4.教学方法和手段逐步丰富

当前国内高校创新创业教育主要通过课堂教学、校园模拟、校外实践等多条途径来实施,教学中逐步采用角色模拟、师生互动、案例分析、创业计划大赛、实地见习等手段和形式,不断提升学生的创新创业综合知识、素养与能力。

5.研究机构及实践教学活动渐多

截至 2015 年年底,由科技部和教育部联合启动的国家大学科技园建设项目共有 10 批,达到 117 个,另外国内高校自建的创业园数量也在迅速增长。为了更好地开展创业实践教学,许多大学纷纷建立了创业者协会、创业教育顾问团、"双实双业"基地和创业孵化园。为了更专业地为创新创业教育提供智力支持,有些高校还专门设置了创新创业教学机构,如厦门大学的埃塞克斯创业教育中心、黑龙江大学的创业教育学院、复旦大学的创业教育研究指导中心等机构,2015 年 4 月清华大学还率先发起倡议成立"中国高校创新创业教育联盟"。

(三)国内高校创新创业教育普遍存在的问题

在我国经济社会发展转型的新时期,培养理论水平较高、实践能力强的创新创业型人才,是高等教育人才培养模式改革的重要着力点。创新创业教育与专业教育相融合,是高等教育发展整体化和综合化趋势的标志。高校创新创业教育具有实践性、多样性、综合性等特征,鼓励学生走出教室,在开展双创教育的的过程中容易与专业教育产生矛盾。因此,加强创新创业教育和专业教育之间的融合刻不容缓。目前,我国高校现行教育模式下培养出的人才与社会的需要存在一定程度的脱节,创业教育的特征使其成为培养创新人才的有效的手段。因此,中国高校的创业教育应该厘清创新、创业、创业教育与专业教育之间的关系,借鉴发达国家开展创业教育的成功经验,改变"千人一面"的现状,立足于自身办学特色与优势开展创业教育,制定面向全校、立足长远的创业教育发展战略,加强创业教育与专业教育之间的融合,构建创业教育师资的成长平台,逐步形成各具特色的创业教育体系。

1.创业多、创新少

创业和创新内在关联,密不可分,创业是创新的重要载体和外在表现形式,创新是创业的支撑、核心和本质。创业教育注重培养学生的创业意识、精神、素质,使学生掌握创业的初步管理技能,以满足社会生存需求,促进经济社会全面发展;而创新教育重视对人的发展的总体把握,培养学生的创新素养,提升学生的创新潜能,并将创新的新鲜活力注入教育活动,二者的价值取向与培养目标最终是一致的,因此高校的创业教育与创新教育应相互渗透与融合。当前,国内高校开展创业教育时纷纷提出"以创业促就业""先就业再创业"等口号,鼓励大学生通过创业途径来实现充分就业,但同时也有不少高校的做法有失偏颇,是把就业看作创新创业教育的全部目的,直接导致的后果便是大学生创新精神不够、创新能力偏低、创业意愿不足、创业规模偏小、生存型创业多于知识型创业。

2.外延不足、内涵欠缺

国内大部分高校先后都开设了创业理论课程,启发学生的创业意识,向学生传授创业知识;也有不少高校尝试设置了创业实操类课程,用来给学生传授创业步骤和规避创业风险等;部分高校还将创业与社会实践、专业实习相结合,让学生走进企业,耳濡目染管理好企业所应具备的能力和素质。但总的来说,目前国内高校开设的创业课程都偏功利性,并以此来教授学生解决创业过程中所遇到的一些实际问题的方法,同时也未能像国外高校那样,与政府、行业、企业密切联系,亦即创业教育行动的外延拓展不足,使得学生创业训练平台不够。相比之下,国内高校创新创业教育的内涵建设则更为欠缺,主要问题在于创新创业教育仍游离于专业教学之外,没有融入学科建设规划、人才培养方案、第一课堂与质量评价体系之中。

3.高校角色定位不够清晰

国内许多高校凭借自身的优秀人才和科技产品开发能力强的科研优势,纷纷创立校办产业,也有部分授课教师凭借自己的技术专利直接创办企业。在不断转化科技成果成为生产力的同时也给创新创业教育带来了不少问题。例如教师精力明显分散,学校及教师的科研再生产能力也得不到充分发展,从而影响学校的整体教学水平和人才培养质量,势必造成学术职能与商业价值的冲突,因此,在创新创业教育各个环节之中,高校要明确自己的角色定位,肩负起自身应负的职能,而不能过度迷失于对商业价值的追求之中。

4.引领性人才培养力度不够

适应性人才具备一定的专业技能,能够适应经济社会发展的需要,并为现有产业发展做出贡献,但他们欠缺的是对未来、未知行业的知识创新和职业创造能力。当前多数国内高校开展的创新创业教育仍然局限于学生的就业需要,培养出了一大批各行各业的适应性创业人才,但这些人才过分集中于创办服务业或加工制造业企业。而国家层面的战略产业升级与结构调整急需高校通过创新创业教育培养出更多的引领性创业人才,以引领经济社会全面发展。

(四)国外高校创新创业教育的启示

国外高校创新创业教育经过多年发展,日趋成熟并逐步趋于专业化,其在实施过程中积累起来的经验有许多地方值得国内高校吸收与借鉴。根据我国高校创新创业教育的实际情况与普遍存在的一些问题,笔者认为有以下几点有益启示。

第一,教育观念上要坚持创业与创新联系。如果创业与创新联系不够密切,其视野与层次都具有局限性;而与创新密切联系起来,创业就会迸发出无穷无尽的能量。创新与创业紧密关联的欧美大学早已成为国家与企业的智库,成为社会经济发展的核心动力,并引领支撑着整个国家的经济社会发展。国内高校不应过分投入缓解毕业生就业压力的低层次创业项目,本科院校尤其是研究型大学要带头将专业教育、学术创新与大学生创业项目融合优化,协助学生将学术创新成果转化成创业项目,激励他们通过创业项目大胆革新,催生出更多类似北大方正、清华同方、中科大讯飞科技这样一批优秀的高科技企业。

第二,教育行动上要做到内涵和外延并重。欧美高校的创业教育行动上倾向于非功利性,认为创业教育是大学教育的重要组成部分,要充分挖掘创业教育内涵并使其渗透在人才培养全过程中,使学生在潜移默化之中接受创业教育,课程上重视培养未来职业所需的跨学科知识、能力和素养,并教会学生进行知识创新,同时走出学校教育层面,争取学校科研与企业或政府项目关联以获取资助。在当前注重内涵式发展的教育理念下,国内高校应将创业教育纳入人才培养方案,在专业课程中渗透创业教育理念,在校园营造"全员创业教育"的氛围,而远非在编制计划中挂牌一个创业机构,或在课程设置中增加几个创业学分,或开设几门创业课程那么简单。同时,还需要不断加大创业教育外延拓展力度,强化高校人才培养与科学研究的社会服务功能。

第三,教育角色定位上要职责清晰。无论在国内的"产学研"模式还是欧美"官—产—学"螺旋结构里,作为创新创业教育实践主体的大学在从事科学研究和人才培养时都必须考虑产业和政府的需求。国外高校正是通过履行清晰职责并通过自身努力赢得了产业和政府的信任,获得了良好的外部发展环境。例如,斯坦福大学在美国创业实践中承担着研究中心与人才培养基地两大职责,以知识更新与技术创新为使命而从未以任何实体方式介入硅谷企业的经营与管理中来。正因为如此,欧美很多高校已经发展成为国家重要支柱产业的研究基地,甚至一些美国高校已然成为军工企业的技术支持者和专利提供者,也赢得了政府和社会更多的支持。因此,国内高校要积极主动地融入国家的新兴战略产业中,发挥自身知识与技术优势,为国家的经济社会发展做出更大贡献,同时也要克服贪大求全思想,要将校办企业交由市场经营管理,全力致力于技术与产品创新。

第四,培养目标上要倾向引领性人才。欧美大学大致分为教学型、研究型和创业型三个类别,创业型大学在研究型大学的基础上发展而来,着力在研究创新的基础上开展创业教育。而我国的应用型高校,或新建转型或办学时间短,也注重社会需求开展创业教育,但主要培养社会适应性人才。国外的创业型大学却并未止步于培养适应性人才,而是坚持以学术创业为己任,更加注重培养引领性创业人才。1939 年,斯坦福大学的两位优秀毕业生 David Packard 与 Bill Hewlett 成功创办了惠普公司,此后影响并带动了思科、雅虎、谷歌等许多全球领先高科技企业的问世,其公共关系部门更是宣称:有 5000 多家公司的起源可以追溯到斯坦福的创意、教职工或者学生。而要解决国内高校培养同质化倾向的问题,本科教育与高职教育在培养目标上就应做到各司其职:高职及应用型本科院校的创新创业教育要以培养适应性人才为己任,而研究型高校则应致力于培养引领性人才,从课程体系开发、师资队伍建设、学校角色定位等各个方面不断进行尝试和探索,开创研究型大学创新创业教育的新局面。

第二章　高校跨学科创新创业人才培养新模式

第一节　创业人才培养新模式内涵分析

"创新创业+"代表一种新的人才培养模式，是适应我国经济新常态下的一种教育模式改革的发展导向，是将创新创业理念深度融入传统的人才培养模式中的一种创新。"创新创业"作为核心概念，其内涵是以构建培养拔尖创新创业人才为指向的现代高等教育模式为目的，引导学校师生不断更新和升华教育观念，深化教育教学改革，将人才培养、科学研究、社会服务紧密结合，实现从注重知识传授向更加重视能力和素质培养的转变，强化对学生创新创业精神、创新创业意识和创新创业能力的培养，切实提高人才培养质量。"+"作为模式外延，即将创新创业与高等教育中各类专业的人才培养及专业建设相结合，以创新创业教育为导向，改革传统的专业人才培养模式，提升专业建设质量，以适应我国经济新常态下对人才培养的需求。

"创新创业+"的人才培养模式，其外延是无限延展的，是可推广、可复制的。该模式不仅适用于高职高专的专业人才培养模式，同样适用于综合型大学、研究型大学的专业、学科建设及人才培养模式的改革创新研究。简单地说，就是"创新创业+专业＝基于创新创业导向的专业人才培养模式"，当然其成效绝不是简单地相加。"创新创业+"人才培养模式如图2-1所示。

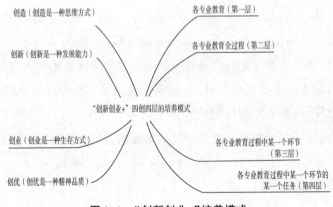

图 2-1　"创新创业+"培养模式

第二节　创业人才培养模式改革分析

当前,我国已进入全面建成小康社会的关键时期和深化改革开放、加快经济发展方式转变的攻坚时期,形势凸显提高国民综合素质、培养创新创业人才的重要性和紧迫性。在2014年8月召开的中央财经领导小组第七次会议上,习近平强调:"创新驱动实质上是人才驱动。为了加快形成一支规模宏大、富有创新精神、敢于承担风险的创新型人才队伍,要重点在用好、吸引、培养上下功夫。"高校创新创业教育工作与稳增长、调结构、促改革、惠民生提出的新要求相比,还有很大差距,特别是在人才培养工作中的短板效应越发明显。因此,加强大学生创新创业教育,提高其创新精神、创业意识和创业能力,鼓励其开展创新创业实践,是学校服务于国家转变经济发展方式、建设创新型国家和人力资源强国的现实要求,"创新创业+"的创新人才培养模式正是基于这样的背景而提出的。

(1)"创新创业+"人才培养模式是在理念论、思辨哲学和实用主义教育观的指导下,构建出的相对协调与完善的符合我国高等教育实际情况的创新创业理念体系,为在不同类型的高校、不同层次的大学生中开展创新创业教育提供较为具体的认识定位与实践指导。理念是一个靠内在逻辑发展,其中包含着逻辑的起点和诸多的逻辑中介,最后形成的逻辑终点将起点与中介纳为自身有机组成部分的一个协调体系。高等教育的理念是对高等教育内在的本质规律、价值取向,外化的功能、目的和方法等一系列基本问题理论化、系统化的,具有相对稳定性和生长性的理论体系。高等教育的创新创业理念从属于高等教育的理念。因此,它将更为具体地揭示创新创业的诸多方面。

(2)"创新创业+"为我国高校培养大批的创新创业型人才提供较为具体的推进模型与行为方式,以促使我国高校的培养目标由知识型向创业型转变。人类的任何一种活动,都是目标引领性的活动。由于目标设定的层次、取向的不同,使得行为主体要设计不同行为方式来达到不同层次的目标。创新创业的目标是一个体系、一种模式,由不同的创新创业板块的分目标所构成,其合力最终成就了创新创业的总目标:培养大批的创新创业型人才,为国民经济的活力与可持续发展提供源源不断的人力资源。"创新创业+"引导学校师生不断更新和升华教育观念,深化教育教学改革,将人才培养、科学研究、社会服务紧密结合,实现从注重知识传授向更加重视能力和素质培养的转变,强化对学生创新创业精神、创新创业意识和创新创业能力的培养,切实提高人才培养质量。

(3)"创新创业+"解决了创新创业教育与专业教育"两张皮""互为孤岛"的问题。近年来国内一些高校在创新创业教育方面进行过一些有益的探索,但普遍存在未能将创新创业渗透到学校教育教学全过程的问题,以及创新创业与专业教育严重脱节的现象。然而,创新创业教育同专业教育应当是有机融合的。首先,创新创业教育必须依赖专业教育,专业教育是高等教育承担的基本职责。脱离专业教育的创新创业教育只是舍本逐末、缘木求鱼。其次,创新创业教育的实施,对专业教育的改革提出了新要求。高等学校应该将教育的触角从专业教育延伸至创新创业教育,实现创新创业教育与专业教育的有机融合,"创新创业+"实现了创新创业教育与专业教育由"两张皮"向有机融合的转变,充实了素质教育的建设内容。

(4)"创新创业+"具有较高的实践意义和价值,它适应了学生和社会多元化的需求:"创新创业+"满足学生多元化的需求。大学生是最具自主创新创业能力的社会群体,是创新型国家建设过程中最为积极活跃的因素,因此实施"创新创业+"的人才培养模式,可以发挥大学生的创新创业素质,为其就业、创业提供直接的指导服务。同时还可以缓解社会就业压力,对于构建和谐社会、促进经济增长、建设创新型国家都将起到积极作用。

第三节　创新创业的内涵及特征

近年来,大学生创新创业教育已成为高等教育领域的热门词汇,全国各地很多高校在健全创新创业教育组织体系、完善创新创业教育基础设施、开展创新创业教育教学与课外活动、加大创新创业资金支持等方面做出了诸多努力与探索,取得了一定的成绩。但整体来看,我们对创新创业教育的内涵和本质领会还不深、不透,大多游离在"创新创业+"的浅表层面,即在专业教育的基础上,加上一些创新创业的元素。然而,这样的创新创业教育效果并不佳,要么把技术含量低、对传统市场"经营—消费"关系进行机械式复制的生存型创业视为创新创业教育的成果,要么把创新简单理解为"科技创新",忽略了思想创新与意识创新,认为创业是管理学科或工科应该做的事,与其他学科无关,而创新创业教育就是简单地开几门创业课,开展几场创新创业活动或者比赛,与专业教学无关,使创新创业教育游离于专业教育、知识教育之外。

而"创新创业+"是立足于创新创业教育核心内涵的一种新型人才培养模式。创新创业教育不是就业的"救命草",不是挣钱的"孵化器",也不是学生价值的"鉴别仪",其本质是一种面向全体学生的、为其终身可持续发展奠定坚实基础的素质教育,不能简单地计算学生参加了多少创新创业活动,开展了多少科学研究,从事了多少创新或创业项目,获取了多少创业资金,或以这些指标作为衡量学生发展的参照物。其核心内涵应该是以构建培养拔尖创新创业人才为指向的现代高等教育模式为目的,引导学校师生不断更新和升华教育观念,深化教育教学改革,将人才培养、科学研究、社会服务紧密结合,实现从注重知识传授向更加重视能力和素质培养的转变,强化对学生创新创业精神、创新创业意识和创新创业能力的培养,切实提高人才培养质量。这便是"创新创业+"的出发点和立足点。

"创新创业+"的特征有以下几方面：

一、加强创新创业教育与专业教育的有机融合——培养理念

创新创业教育与专业教育是一个有机结合体，创造是一种思维方式，创业是一种生存方式，创新是一种发展能力，创优是一种精神品质。"创新创业+"倡导先进的创新创业理念，努力实现创新创业与专业教育由"两张皮"向有机融合的转变，由注重知识传授向注重创新精神、创业意识和创新创业能力培养的转变，由单纯面向有创新创业意愿的学生向面向全体学生的转变，切实增强学生的创新精神、创业意识和创新创业能力，努力造就大众创业、万众创新的生力军，不断提高高等教育对稳增长、促改革、调结构、惠民生的贡献度。

二、关注结合素质与"四创"能力的培养——培养目标

"创新创业+"作为一种新型人才培养模式，是一种以构建培养拔尖创新创业人才为指向的现代高等教育模式，它引导学校师生不断更新和升华教育观念，深化教育教学改革，将人才培养、科学研究、社会服务紧密结合，实现从注重知识传授向更加重视能力和素质培养的转变，强化对学生创造、创新、创业、创优"四创"能力的培养，切实提高人才培养质量。

三、注重人才培养每个具体环节的渗透——培养过程

"创新创业+"是将学校的创新创业融入专业教育的每个过程中，在专业教育过程的每个环节中不断地提高"创造、创新、创业、创优"的四创能力。

四、强化创新创业研究内容的跨界融合——培养基础

"创新创业+"是跨界融合，"+"就是跨界，就是变革，就是开放，就是融合。敢于跨界了，教育创新的基础就更坚实；融合协同了，教育过程智能才会实现，从创新创业教育到专业教育的路径才会更垂直。

五、注重创新创业哲学思维的有力指导——理论背景

"创新创业+"是道，是用创新创业的哲学、创新创业的思维去指导高职教育或完善提升传统教育，培养符合现代行业需求的学生。

六、坚持开放生态、解构重塑的模式创建——研究方向

关于"创新创业+"，生态是非常重要的特征，而生态的本身就是开放的。我们推进"创新创业+"，其中一个重要的方向就是要把过去制约教育创新的环节化解掉，以学生为本，创新思维，重塑结构，开放心态，改变创新创业教育与专业教育"两张皮""孤岛式"的现实状况。

七、力求多方位、多层次、多维度的辐射——社会效应

"创新创业+"模式,其中"+"的方式是多种多样的,是多方位、多层次、多维度的,是力求对多学科、各专业创新创业教育的辐射与带动。其根本出发点是以创新创业作为学校教育的发展方向,让它具有带动性、开放性、包容性和战略性作用,为相关专业以及其他院校创新意识、创业能力扩容、升级、增值。

八、完善人才培养模式与经济新常态的有机结合——时代要求

"创新创业+"是在"创新创业"内涵的基础上的人才培养模式的外延,是一种新的人才培养模式,是适应我国经济新常态下的一种教育模式改革的发展导向。新常态下,信息革命、全球化、互联网业已打破了原有的社会结构、经济结构、地缘结构、文化结构。产业不断变化,新业态不断出现,知识的需求也发生根本性变化,迫使教育也必须适应时代的改革。"+"作为模式外延,将创新创业与新常态下的人才培养及专业建设相结合,以创新创业为导向,改革传统的专业人才培养模式,提升专业建设质量,以适应我国经济新常态下对人才培养的需求。

第四节　创业人才培养新模式特征分析

一、国外有关人才培养模式的研究

(一)德国的双元制模式

德国双元制人才培养模式是德国职业教育的核心。所谓双元,是指职业培训要求参加培训的人员必须经过两个场所的培训,其中一元是指职业学校,其主要职能是传授与职业有关的专业知识;另一元是企业或公共事业单位等校外实训场所,其主要职能是让学生在企业里接受职业技能方面的专业培训。

德国双元制人才培养模式是企业(通常是私营的)与非全日制职业学校(通常是公立的)合作进行的职业教育模式。学制一般为三年。接受双元制的学生在第一学年主要进行职业基础教育,集中学习文化课和职业基础课,学生要从职业类别中(以经济、技术、社会工作或服务三个领域为主)选择并确定学习内容。第二学年转入所选定的职业领域进行专业实践训练。第三学年则向特定职业(专业)深化。这是一种将企业与学校、理论知识和实践技能结合起来,以培养既具有较强操作技能又具有所需专业理论知识和一些普通文化知识的技术工作者为目标的教育。德国双元制模式的本质在于,向年轻人提供职业培训,使其掌

握职业能力,而不是简单地提供岗位培训;不仅注重基本从业能力、社会能力的培养,而且特别强调注重综合职业能力的培养。

德国双元制被看作是当今世界职业教育的一个典范。作为德国职业教育的主体,它为德国经济的发展培养了大批高素质的专业技术工人,被人们称为第二次世界大战后德国经济腾飞的秘密武器。

(二)澳大利亚的 TAFE 人才培养模式

TAFE(Technical and Further Education)是技术与继续教育的简称,产生于 20 世纪 70 年代,泛指职业教育的培训和办学单位,是澳大利亚一种独特的职业教育培训体系。TAFE 由澳大利亚联邦政府和各个州政府共同投资兴建并进行管理,由澳大利亚联邦政府和所在州政府共同承担办学所需经费,其中 75% 由州政府承担,25% 由联邦政府承担。毕业后 100% 就业是 TAFE 学院的教育理念和最终目标,从而形成了一种在国家框架体系下以产业为推动力量的,政府、行业与学校相结合的,以客户(学生)为中心进行灵活办学的,与中学和大学进行有效衔接的,相对独立、多层次的综合性职业教育培训体系。

该模式受北美和英国职业教育的影响,强调能力本位和资格证书,澳大利亚国家培训局制定全国统一的 TAFE 标准,推行国家能力标准体系。TAFE 每年提供上百种课程,这些课程以就业市场为导向,不只是理论的学习,更注重实践操作技能,使学生一毕业就能上岗就业。澳大利亚的 TAFE 模式是建立在终身教育理念基础上的技术与继续教育,作为澳大利亚职业与培训体系的重要组成部分,表现出了前所未有的活力,得到了世界各国越来越多的关注。

(三)美国、加拿大的 CBE 模式

以美国、加拿大为代表的能力本位教育培养模式(Competency Based Education,CBE),产生于第二次世界大战后。能力本位教育中的"能力"是指一种综合的职业能力,它包括四个方面:与本职相关的知识、态度、经验(活动的领域)、反馈(评价、评估的领域),四方面均达到后可构成一种"专项能力",这个专项能力以一个学习模块的形式表现出来。若干专项能力又构成了一项"综合能力",若干综合能力又构成了某种"职业能力"。其核心是强调对受教育者的能力训练,以职业岗位的实际需求为出发点,合理制订受教育者的能力目标,再由能力目标服从具体岗位来设置相应的课程体系,最后利用能力分析表来评估人才培养的质量水平。美国、加拿大的 CBE 模式强调以能力作为教学的基础,而不是以学历或学术知识体系为基础,对入学学员原有经验所获得的能力经考核后予以承认;强调严格的科学管理,灵活多样的办学形式。随时招收不同程度的学生并按学生自己的情况决定学习方式和时间,课程可以长短不一,毕业时间也不一致,做到小批量、多品种、高质量,从而打破了传统以学科为科目、以学科的学术体系和学制确定的学时安排教学和学习的教育体系,以岗位群所

需职业能力的培养为核心,保证了职业能力培养目标的顺利实现。

由于能力本位职业教育显著的优越性,它引起了世界范围内的广泛关注,一度成为世界职教教学改革的发展方向。

(四)日本的产学官模式

日本的产学官人才培养模式是指在政府支持指导下推进高校与企业进行深层次合作的模式。具体表现在日本政府通过制定政策法规,提供资金支持等方式进行引导、扶持和干预;企业通过投资项目、接受实习生、参与学校的人才培养过程等方式与高等教育机构建立密切的校企合作关系;高等教育机构则为企业培养服务于一线的大批适应经济发展的应用型专业人才。

近藤正幸将日本产学官合作模式划分为知识的共同创造、知识的转移、基于知识的创业三种类型。其中知识的共同创造模式包括共同研究、委托研究、奖学捐助金;知识转移模式包括专利交易、技术研修、技术谈判、技术咨询、研究员的聘用;基于知识创业的模式包括大学的衍生企业、创业型大学。

产学官合作模式,为日本产业界培养和输送了大量企业急需的熟练技术工人,建立了适应社会发展需要的人才培养体制,使科研成果迅速转化为生产力。

二、国内有关人才培养模式的研究

关于人才培养模式的内涵,至今尚无公认的精准表述。教育部在 1998 年下发的《关于深化教育改革,培养适应 21 世纪需要的高质量人才的意见》中,将人才培养模式表述为:"学校为学生构建的知识、能力、素质结构,以及实现这种结构的方式,它从根本上规定了人才培养特征并集中地体现了教育思想和教育观念。"人才培养模式是在一定的思想和教育理论的指导下,为实现培养目标而采取的教育教学组织方式和运行方式,它是关于人才培养过程质态的总体性表述,即对人才培养过程的一种设计、构建和管理,在人才培养中起着统帅作用。

现阶段,关于"人才培养模式"的定义主要有以下几种表述。

规范说:人才培养模式是一定的教育机构教育工作者群体普遍认同和遵从的关于人才培养活动的实践规范和操作方式,它以教育目的为导向,以教育内容为依托,以教育方法为具体实现形式,是直接作用于受教育者身心的教育活动全要素的总和和全过程的总和。它反映处于教育模式之下具体教学方法之上这样一个区间的教育现象,由培养目标、培养过程、培养制度、培养评价四要素组成。

过程说:李志义在《谈高水平大学如何构建本科培养模式》中指出,人才培养模式是人才素质要求和培养目标实施的综合过程和实践过程。也有人认为人才培养模式是在一定的教育观念、教育思想指导下,按照特定的培养目标和人才规格,以相对稳定的教学内容和课程体系、管理制度和评估方式实施人才教育的过程的总和。

方式说:杨杏芳在《论我国高等教育人才培养模式的多样化》中指出,人才培养模式指在一定的教育思想和教育理论的指导下,为实现培养目标而采取的教育教学活动的组织样式和运行方式。也有人认为人才培养模式是学校为学生构建的知识、能力、素质结构,以及实现这种结构的方式,它从根本上规定了人才特征并集中地体现了教育思想和教育观念。

方案说:杨峻等在《面向21世纪我国高等教育培养模式转变刍议》中指出,人才培养模式是在一定的教育教学思想、观念的指导下,为实现一定的培养目标,构成人才培养系统诸要素之间的组合方式及其运作流程的范式,是可供教师和教学管理人员在教学活动中借以进行操作的既简约又完整的实施方案,是为实现一定的培养目标而采取的教育方案和教育方式。

要素说:俞信在《对素质和人才培养模式的基本认识》中指出,人才培养模式是指在一定的教育思想指导下,对培养目标、教育制度、培养方案、教学过程诸要素的组合,是为实现人才培养目标而把与之有关的若干要素加以有机组合而成的一种系统结构。

机制说:阴天榜在《论培养模式》中指出,人才培养模式是指在一定的教育思想、教育理论和教育方针的指导下,各级各类教育机构根据不同的教育任务,为实现培养目标而采取的组织形式及执行机制。

系统说:人才培养模式是一个系统,至少包括创新人才的培养模式和人才成长环境两大部分。创新人才培养模式是创新人才培养的核心,是在一定的教学组织管理下实施的,包括培养目标、专业结构、课程体系、教学制度、教学模式和日常教学管理;创新人才成长的环境是创新人才的保证,包括师资队伍、教学硬件和校园文化氛围等高素质角度的综合建设。

从我国高等职业教育人才培养模式的发展历史来看,真正严格意义上的高等职业教育开始于20世纪80年代,这也是我国现代高等职业教育的孕育与发展时期。20世纪90年代中期,在大量吸收和借鉴国外先进的理论和经验基础之上,我国高等职业教育理论探讨和实践探索不断取得新的进展,出现了比较系统的有关培养模式的各种理论,逐步形成了一批相对成熟的人才培养模式:产学研结合人才培养模式、订单式人才培养模式、以就业为导向的人才培养模式、双证书制人才培养模式。

虽然当前国内外关于高校人才培养改革问题的论著不少,但从总体上看,存在着以下弊端:第一,研究重点主要集中在对人才的理论、现状、教育内容、教育方法等研究上,而对大学生的情感培养、创新创业教育则较少关注;第二,对人才培养途径和方法的可操作性等方面的研究,还鲜有人涉及;第三,对职业院校、民办高校的人才培养的研究成果比较缺乏。总体看来,单一视角的多,系统研究的少;问题、矛盾提出的多,对策措施提出的少,特别是能系统地上升到政策层面的建议措施更少。

三、"创新创业+"人才培养模式研究

(一)研究背景

2015年3月2日,国务院办公厅印发了《关于发展众创空间推进大众创新创业的指导意见》,针对高校鼓励科技人员和大学生创业、丰富创新创业活动、营造创新创业文化氛围,提出相关指导意见。

2015年5月4日,国务院办公厅印发了《关于深化高等学校创新创业教育改革的实施意见》。文件指出高等学校创新创业教育改革的主要任务和措施是:完善人才培养质量标准;创新人才培养机制;健全创新创业教育课程体系;改革教学方法和考核方式;强化创新创业实践;改革教学和学籍管理制度;加强教师创新创业教育教学能力建设;改进学生创业指导服务;完善创新创业资金支持和政策保障体系。

2005年10月28日,《国务院关于大力发展职业教育的决定》中指出:职业教育要以服务现代化建设为宗旨,为提高劳动者素质特别是职业能力服务实施双元制教学模式,这对推进职业教育改革,加强与企业生产实际的紧密结合具有积极的现实意义和广阔的发展前景。中国的高校也纷纷推行双元制教育模式,学习德国"双元制模式"成功的经验,使现在的毕业生与以往的相比,在各方面都有着显著的提高。

2010年5月4日,教育部颁发了《教育部关于大力推进高等学校创新创业教育和大学生自主创业工作的意见》,主要内容是大力推进高等学校创新创业教育工作;加强创业基地建设,打造全方位创业支撑平台;进一步落实和完善大学生自主创业扶持政策,加强创业指导和服务工作;加强领导,形成推进高校创业教育和大学生自主创业的工作合力。

2015年12月29日,江苏省人民政府办公厅发布了《江苏省深化高等学校创新创业教育改革实施方案》,文件主要要求:坚持育人为本,面向全体学生,把创新创业教育融入人才培养体系;以提高人才培养质量为核心,以创新人才培养机制为重点,集聚要素与资源推进教学、科研、实践协同育人,突破人才培养薄弱环节,增强学生的创新精神、创业意识和创新创业能力。坚持创新引领创业、创业带动就业,主动适应经济发展新常态,促进高等教育与科技、经济、社会紧密结合,加快培养规模宏大、富有创新精神、勇于投身实践的创新创业人才队伍,不断提高高等教育对稳增长、促改革、调结构、惠民生的贡献度。2020年前后,建立健全创新创业教育与专业教育深度融合、知与行相辅相成的人才培养模式,基本形成课堂教学、自主学习、强化实践、指导帮扶、文化引领融为一体的高校创新创业教育体系,人才培养质量显著提升,学生创新精神、创业意识和创新创业能力显著增强,投身创业实践的学生数量显著增加,高校创新创业教育改革走在全国前列。

（二）"创新创业+"人才培养模式的概念

"创新创业+"代表一种新的人才培养模式，是适应我国经济新常态下的一种教育模式改革的发展导向，是将创新创业理念深度融入传统的人才培养模式中的一种优化和更新。

"+"作为模式外延，即将创新创业与高等教育中各类专业的人才培养及专业建设相结合，以创新创业教育为导向，改革传统的专业人才培养模式，提升专业建设质量，以适应我国经济新常态下对人才培养的需求。

（三）"创新创业+"人才培养模式的构成要素

"创新创业+"人才培养模式分成四个层次：

以烹饪工艺与营养专业为例，第一层次，"创新创业+""各专业教育"。

第二层次，"创新创业+"烹饪工艺与"营养专业+"教育各环节。

第三层次，"创新创业+"烹饪工艺与营养教学环节。

第四层次，"创新创业+"基本素质。

第三章　高校跨学科创业人才培养过程与体系分析

第一节　确定人才培养目标

确定创业人才培养目标是指人才培养活动的目的和预期效果,包括知识目标、行为目标和结果目标。知识目标是人才培养后受训者将知道什么;行为目标是创业人才将在工作中做什么;结果目标是通过创业培养社会要获得什么最终结果。创业人才培养目标的确定是十分复杂的,既可以分别确定,但又要整体思考。培养目标的确定是人才培养的关键,是构建人才培养方案的依据。

本章采用岗位胜任力理论,构建创业胜任力指标体系模型,有助于确定创业人才培养的知识目标、行为目标和结果目标,是创业人才培养研究工作的重要组成部分。

一、创业胜任力与创业绩效的关系

(一)创业绩效

1.创业绩效

创业绩效是创业者期望的结果,是衡量组织创业过程的重要指标。同时也是衡量创业是否成功的标杆。然而由于目前对创业的定义及目标上理解的差异,对创业绩效的界定和指标选取还存在困难(Chandler,2001)。

Murphy 指出,在研究创业时,要争取达到以下四个有关绩效的条件。

一是以调查为基础来确定绩效的维度;二是提供绩效的多维度;三是提供理论来支撑假定的维度;四是考虑如年龄、规模和产业等关键的控制变量。由此可知,根据研究对象的特征和研究目的来对创业绩效的维度进行划分是非常重要的。虽然准确又恰当地对绩效进行测量是很重要的,但是通过对以往关于创业绩效的文献整理发现对创业绩效的测量并没有一个统一的模型构成。

目前,关于创业绩效的测量在创业研究中使用较多的指标包括单一和多维指标、财务和非财务指标、主观和客观指标、绝对和相对指标以及任务和周边指标。国内学者李乾文在前人研究的基础上,从创业绩效的影响因素角度出发,认为创业绩效是各种因素共同作用的结果,是创业本质的一种反映。他在研究创业与绩效的关系时认为,为了使创业绩效准确真实地被衡量,应该使用多个指标。Ven-katraman 和 Ramanujam 建议通过检验财务绩效、运作绩效(或非财务绩效)和考虑所有利息相关者的利益等多层构思来测量组织绩效。

2.创业绩效维度

目前研究创业的学者基本上都认为创业绩效是一个多维度的变量,但对维度的选取还没有统一的认识,学者们各有定论。Covin 和 Slevin 提出了成长性和获利性两个维度的测量指标。Chrisman 和 Bauerschmidt 指出在考察创业绩效时,应注重生存和成长两个方面的绩效。另外,Mc Grath 提出创业型企业的组织业务创新程度和效果是对创业绩效的一个反映,可以将创新性作为创业绩效的一个重要维度。Johanat 和 Cristina 提出了基于利益相关者的包括财务绩效、客户满意度和员工满意度的三维度指标体系。Lumpkin 和 Dess 建议用传统的会计指标和利益相关者的满意度来衡量。李乾文从创业绩效的影响因素角度出发,在前人研究的基础上总结了创业绩效的四种理论视角:群体生态论、认知论、资源论、战略适应论。他认为创业绩效反映了创业的本质特点,是各种因素共同作用的成果。因此我们可以用创业绩效来衡量创业成功与否。

国内学者也基于中国经济转型时期这个特殊情境提出了关于创业绩效维度的见解。如王重鸣、刘邦成指出对于新创技术型企业而言,由于资源限制等因素,创业绩效可以通过对创业初期团队人员的离职率和客户对企业产品、服务的满意度两个方面来衡量。曹之然、李万明等在沈超红的基于合约的创业绩效理论的基础上提出了创业绩效的 PSG 结构,即声誉、生存和成长。沈超红、王重鸣通过实证提出了创业绩效的生存、成长、员工承诺和客户信任二阶四维结构。创业绩效不同于一般组织绩效,因为创业绩效对应的一般都是新创企业,而新创企业或者是企业提供的新业务就像一个新生儿。首先要考虑通过它的是它能否存活下去,然后才能通过它的不断成长来逐步适应激烈的市场竞争(Ciavarella,2004)。因此生存绩效是新创企业存活的根本(Vanetal,1984)。新创企业如果不能达到其创业目标,或者是不能承担债权人的财务责任时,就可能失败。但是企业能生存下来,说明它具有一定的管理水平。因此,生存是创业绩效的一个有效维度。

从现有文献来看,研究者们从企业已经存在的生命周期以及计划未来至少持续经营 8 年以上的可能性大小来衡量创业企业的"生存"绩效。另外,学者们赞成在考察创业绩效时把成长作为重要的绩效考察指标(Brush & Vanderwerf,1992;Chandler & Hanks,1993;Mac-Millan & Low,1991)。新企业常常没有赢利的历史,并且在最初大量投资的几年,并不期望获利。另外,小企业过去收入的增长能够促进未来的成长,并且对小企业的持续发展能力起着非常重要的作用。因此,成长绩效是新创企业发展的关键。Wikiund 和 Shepherd 认为把成长性作为企业绩效的测量是因为它比财务绩效的会计测量更加准确,也更加容易获得。从现有的文献来看,"成长"的操作性定义有两个方面:财务指标的增长和获利能力的增长。

(二)创业胜任力对创业绩效的影响

综观国内外关于创业胜任力的研究,由于创业胜任力本身就是与高绩效相联系的,所以对它的研究就大部分集中在胜任力对绩效的研究上,并且大部分的研究结论都证实创业胜任力对创业绩效的正向作用(张振华等,2009;伍满桂、骆骏,2008;王红军、陈劲,2007)。如Hite和Lechner指出关系网络(可看作是关系能力)可以帮助企业获取稀缺资源和有效信息,给企业的发展以强大的动力,从而推动企业的发展。

对于创业胜任力,国内的研究学者针对中国情景下的特殊创业团体——大学生做了相当多的研究(孙波、杨延生等,2010;封伟令、梁迎春,2011;熊花,2011;李明章、代吉林,2011),而且部分验证了大学生创业胜任力与创业绩效的正相关关系。随着研究视角逐渐由个体向组织和团队的转移,诸多学者也对团队的创业胜任力进行了研究。张振华在总结相关文献的基础上,实证得出了创业团队胜任力的八维度结构,并得出胜任力对于创业绩效的显著影响作用。马红民、李非也从理论上提出创业团队胜任力对创业绩效的影响作用。

(三)创业环境对创业绩效的影响

影响创业绩效的因素有很多,比如社会资本、创业导向、创业环境、资源整合能力、知识吸收能力和技术创新能力等。其中,创业环境对创业绩效的影响主要表现在以下两个方面:一方面是创业环境对绩效的直接影响。Aldrich等研究指出,对成立时间超过3年的企业,创业者拥有的社会网络规模越大,企业的赢利水平就越高,即网络规模显著影响组织绩效。Reese通过对美国353家中小企业的数据检验,得出创业者社会网络对新创企业绩效有正向影响。Hansen指出在新创业的前组织阶段,创业者网络能够提升企业未来的成长概率,这一研究结果在统计上也是显著的。Lerner的研究证明了环境与新创企业绩效的相关关系。Aldrich和Marinex的研究显示,组织生存依赖于组织战略的选择或者环境,更重要的是取决于组织自身与环境之间的匹配关系。国内学者也对创业环境进行了研究,张炜、邢潇指出我国高技术创业孵化环境对技术创业的成长绩效有显著影响。文亮、李海珍指出创业环境与创业绩效正相关,而且创业环境的不同维度对创业绩效的不同维度有不同的影响。另外胡蓓、双华军以武汉光谷产业集群为研究对象,实证检验了创业环境与创业绩效的影响关系。

另一方面是创业环境对绩效影响的调节作用。Wiklund和Shepherd的研究指出环境动态性对创业导向和小企业绩效关系具有明显调节作用。陆夏峰实证得出创业环境对企业家创业胜任力与企业绩效有调节作用。还有学者从理论上提出创业环境三个维度对创业者特征与创业绩效有调节作用,但是并没有实证检验(来新安,2011)。从以上内容可以看出,创业环境对企业绩效有着重要的影响,不论是直接影响还是间接影响,对于处于创业初期的中小型企业来说,由于资源限制以及自身影响力不足,环境的变化会对企业产生不可估量的影响。

二、创业胜任力模型构建

(一)基础模型选取

根据目前国内外对创业胜任力模型的研究,冯华和杜红在研究创业胜任力及创业绩效之间关系的基础上,提出由八个维度构成的创业胜任力模型:承诺胜任力、组织胜任力、情绪胜任力、关系胜任力、机会胜任力、战略胜任力、概念胜任力和学习胜任力,并且将每个维度的特征提炼出来。

孙波等人在青岛对各个大学不同年级不同专业的学生进行了关于创业胜任力的问卷调查。调查结果显示,创业胜任特征所占比重依次是:创新意识和创业精神最重要,比例占到86%;次重要的是专业知识结构,比例占到82%;团队协作意识,比例占到81%;人际关系能力,比例占到76%;整合资源能力,比例占到73%;管理技能,比例占到71%;营销能力与市场洞察力,比例占到68%。另外的调查项目显示,58%的大学生认为个性人格因素、抗压能力、心理素质等非常重要,56%的大学生觉得动手能力和社会经验之间有正相关关系。

本研究是在整理和分析相关创业胜任力特征研究的基础上,选取上述两个模型为基础,建立了包含创业意识、创业知识、创业技能和创业特质四个维度的创业人才胜任力模型,具体归纳如下。

1.创业意识

创业意识就是在创业实践活动中对人有动力作用的个性倾向,具体包括动机、信念、需要、理想、兴趣和世界观等,是大学生对创业实践活动的正确认识、自觉决策和理性分析的心理过程。创业意识教育的内容主要是培养大学生的一种创业意识,激发和发展他们的创新思维,而在实施创业教育的过程中,积极引发受教育者和教育者的创业意识是第一任务。

创业意识源于创业者的头脑,源于创业者谋求生存与发展的意识。创业意识的形成,不是一时的冲动或凭空想象出来的,它源自人的一种强烈的内在需要,即创业需要。创业需要是创业活动的最初诱因和最初动力。当创业需要上升为创业动机时,就形成了心理动力。创业观念是创业者从事创业活动的精神支柱,是随着创业者创业活动的发展与成功而使创业者思想和心理境界不断升华而形成的,它使创业者的个性发展方向、社会义务感、社会责任感、社会使命感有机地融合在一起,把创业目标视为奋斗目标。

2.创业知识

创业知识是指在创业实践活动中的工商企业经营的基础管理理论知识和创业中的应用知识,包括对企业作为经济组织的认识、对企业外部市场的认识、对企业经营管理的认识以及对创业过程知识的了解,这是创业的准备阶段。创业知识不仅包括专业技术层面,社会经验也是创业知识的重要补充。

很多研究者都认为社会经验对创业者是很有帮助的。比如,Mc Grath 和 Mac-Millan 认为,先前具有开办企业经历的创业者会形成一种心理模式,经过一个转化过程后,其社会经验可以形成创业知识的一个层面。

创业者在工作中不需要事事俱备,面面俱到,但是熟练的专业知识,精湛的专业技能却是保证自己在业内游刃有余的必备条件,尤其对于从零开始的创业者来说更加重要。现在的社会是人才化社会、个性化社会,想通过权力和财力领导行业是不现实的,影星、明星出来开饭店、做生意,结果血本无归的比比皆是。可想而知,拥有过硬的专业知识是多么重要。

3.创业能力

创业能力是指顺利实现创业目标应具备的各种心理特征的总和。创业人才是企业的中高级经营管理人才。要培养中高级经营管理人才就必须培养创业人才的企业策划能力和经营决策能力。一般管理人才只需要掌握创业的知识,而创业人才则必须掌握企业策划技能和经营决策技能,创业的实践才有可能取得成功。

创业能力是一种具有很强实践性的能力,它具有较强的综合性,具有创造性特征,是一种自我开发、自我实现性质的创造力,同时是与个性倾向、特征紧密结合在一起的行为操作方式,并表现为知识、技能经过类化和概括化后形成的稳定的心理范式。创业能力包括经营管理能力、市场把握能力、战略决策能力、人际关系能力,其中经营管理能力是创业的基础,市场把握能力让创业者看到更多的机遇,战略决策能力让创业者有效地把握机遇,人际关系能力是创业过程中的润滑剂,能够帮助创业者更有效率地完成创业过程。

4.创业特质

创业特质是指创业过程中创业人员所需要的品质特征。包括承受挫折能力、冒险精神、团队协作精神以及兴趣等。创业特质是与创业者个性特征、内在心理素质密切相关的,更多的是反映创业者的情商,即驾驭复杂创业问题的水平,表现为决策果断性、环境适应性、弱点控制性、意志坚定性等。个人品质是形成创业特质的基础,创业者个人的品质将影响到他创业的特点,并且对整个团队的特点给出一个指导的方向。团队协作是创业特质的外延,团队的合作意识和沟通协调能力给予创业过程坚强的生命力,好的团队协作形式将成为企业文化的雏形。心理素质是创业特质的后盾,创业心理素质对创业实践起调节作用。

(二)创业胜任力要素提取

通过对搜索到的大量文献进行归纳、整理和筛选,统计结果表明,共得到了36项胜任力要素,主要包括创业意识、创业知识、创业能力、创业特质等方面(表3-1)。

表 3-1　创业人才胜任力要素统计表

1.公关能力	10.沟通协调能力	19.创业精神	28.学习能力
2.识别商机	11.意志坚定	20.专业技术知识	29.风险意识
3.资源整合能力	12.兴趣	21.心态积极	30.社会经验
4.识人用人能力	13.吃苦耐劳	22.决策能力	31.社会实践
5.市场洞察力	14.胸怀宽广	23.竞争意识	32.客户服务能力
6.承受挫折能力	15.法律常识	24.资金运作能力	33.想象力
7.社会交往能力	16.领导魅力	25.创业意愿	34.计算机知识
8.合作意识	17.自信	26.市场营销能力	35.冒险
9.成功欲望	18.个人胆识	27.计划组织能力	36.了解社会规则

(三)创业胜任力理论模型构建

以国内外文献资料为基础,结合选取的胜任力要素内容,根据相关性、排斥性和完备性三个胜任力要素归类准则,并咨询相关心理学、人力资源管理学专家的建议,对其进行归类定义,初步形成了4个范畴11个基本类别。各个基本类别的描述包括相应的要素见(表3-2)。

表 3-2　创业人才胜任力要素归类表

维度	创业胜任力因子	要素描述
创业意识	C1.创业动机	9.成功欲望　12.兴趣　35.冒险
	C2.创业观念	19.创业精神　25.创业意愿　33.想象力
创业能力	A1.经营管理能力	4.识人用人能力　24.资金运作能力　27.计划组织能力　28.学习能力　32.客户服务能力
	A2.市场把握能力	5.市场洞察力　23.竞争意识　26.市场营销能力　29.风险意识
	A3.战略决策能力	2.识别商机　3.资源整合能力　22.决策能力
	A4.人际关系能力	1.公关能力　7.社会交往能力　14.胸怀宽广
创业知识	K1.社会经验	30.社会经验　31.社会实践　36.了解社会规则
	K2.专业知识	15.法律常识　20.专业技术知识　34.计算机知识
创业特质	T1.个人品质	16.领导魅力　18.个人胆识　21.心态积极
	T2.团队协作	8.合作意识　10.沟通协调能力
	T3.心理素质	6.承受挫折能力　11.意志坚定　13.吃苦耐劳　17.自信

通过上述分析,本研究建立了创业人才胜任力理论模型(图 3-1),理论模型由创业意识、创业能力、创业知识、创业特质四个维度构成。其中创业意识维度包括创业动机、创新观

念;创业能力维度包括经营管理能力、战略决策能力、人际关系能力、市场把握能力;创业知识维度包括社会经验、专业知识;创业特质维度包括心理素质、个人品质、团队协作。该理论模型的构建为下文问卷的设计及后续的路径选取提供思路。

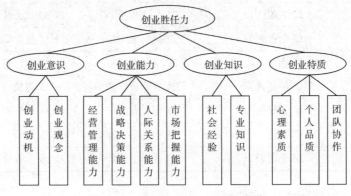

图 3-1 创业人才胜任力理论模型

三、创业胜任力理论模型检验及修正

(一)调查问卷设计

1.问卷设计方法

根据前人研究的文献和第一章的模型构建。本文将大学生创业胜任力要素分为四个模块,每个模块下细分二级指标,共用 11 个指标来描述。再根据指标定义确定测量指标,采用李克特五级量表设计问卷问题,对每个创业胜任力要素指定权重,从"非常重要"一直到"不重要"进行评分对比。其中"5"代表非常重要,"4"代表比较重要,"3"代表一般重要,"2"代表不太重要,"1"代表不重要。

本问卷分两个部分:第一部分,基本信息类,主要调查个体的学历、性别、专业等相关信息;第二部分,调查南京市创业人才对创业胜任力要素重要程度的评价。这是这次问卷制作的核心内容。

本问卷在设计内容时综合考虑了以下几个方面的因素:

(1)封闭性问题与开放性问题相结合,以封闭式设计为主。

(2)混合排序,本文调查问卷的第二部分把 36 项胜任力的要素进行了混合排序,没有按照维度分类,以尽量减少受访者在做问卷时受到维度分类的影响。

(3)控制填写问卷时间,为了保证调查问卷填写的质量,本文调查问卷控制了题量以节省时间,所需时间约 15 分钟。

2.样本选择和数据收集

(1)调查对象主要选取了在南京地区工作的大学毕业生和创业者进行问卷填写。

(2)本问卷共计发出250份,其中100份是通过纸质形式当面发放,150份是通过网络渠道发放,共计回收问卷207份,其中有效问卷195份。

(二)数据分析

1.信度分析

在进行因子分析的过程中,本文采用SPSS17.0软件包对回收的问卷进行信度分析。为确保数据的可靠性和问卷的科学性,必须在进行数据分析之前对问卷的数据进行信度分析。信度是指问卷的可信程度和可靠性,用来说明问卷检验结果的稳定性、一贯性、一致性和再现性。利用Cronbach's Alpha系数评估量表的内部一致性是目前最为常用的信度分析方法。在该方法中,信度系数越大,则说明本次测试的可信度越高。通常认为,如果Alpha系数在0.80—0.90之间,则可以认为信度是属于非常好的层次;在0.70—0.80之间说明信度较好;在0.65—0.70之间说明信度可以接受;0.65以下说明信度较低,需要修改量表。另外,为了保证问卷有效,在因子分析前,必须先进行KMO检验和巴特利球体检验,当KMO检验系数大于0.5时,巴特利球体检验的显著性概率P值小于0.05时,问卷结果才有效度,这时候才可以进行因子分析。

本文调查问卷的信度分析结果如表3-3、表3-4所示。

表3-3　信度分析结果

信度系数	总体	创业意识	创业能力	创业知识	创业特质
a	0.891	0.723	0.808	0.742	0.751

表3-4　各维度KMO测度和Bartlett球体检验结果

检验值		创业意识	创业能力	创业知识	创业特质
Kaiser-Meyer-Olkin		0.705	0.708	0.706	0.708
Bartlett 球体检验值	卡方值	48.631	305.520	59.54215	151.33936
	自由度显著	15	105	0.000	0.000
	性概率	0.000	0.000		

表中数据显示,Cronbach's Alpha系数均在0.7以上,说明本文调查问卷设计的信度较好;Kaiser-Meyer-Olkin检验值均大于0.7,且Bartlett球体检验值的显著性概率值都小于0.5,

说明问卷设计的效度较好,可以进行因子分析。

2.因子分析

为了进一步研究胜任力维度以及检验各个变量测量区的有效性,本研究有针对性地进行了因子分析。原则上,对于检验变量的单维度,应将该变量的所有题项做因子分析。但在实际过程中由于问卷中题目太多,依照 Bentley 和 Chou 的建议,我们可以将模型中的变量分为几组然后再分别进行因子分析。在这里,本论文将所有的变量按照测量维度分为四组,即创业意识、创业能力、创业知识、创业特质。

本研究采用 SPSS17.0 中文版进行统计分析。分析结果如下:

(1)创业意识

从表3-5和表3-6可以看出,在对创业意识维度进行因子分析后,结果可以归为两个因子,这解释了 55.100% 的变异,归并后整理见表3-7所示。

表 3-5　旋转后的因子负荷

因子	胜任力要素	要素荷重	
		1	2
C1	9.成功欲望	0.719	
	12.兴趣	0.654	
	33.想象力	0.581	
	35.冒险	0.758	
C2	19.创业精神		0.770
	25.创业意愿		0.810

表 3-6　总体方差分解情况

因子	初始特征值			旋转平方和载入		
	合计	方差(%)	累积(%)	合计	方差(%)	累积(%)
C1	2.196	36.595	36.595	1.877	31.276	31.276
C2	10.110	18.505	55.100	1.429	23.824	55.100

表 3-7　创业意识维度因子构成

因子	胜任力要素
C1	9.成功欲望　12.兴趣　33.想象力　35.冒险
C2	19.创业精神　25.创业意愿

从表3-7创业意识维度的因子分析中,我们可以得到两个因子。可以看出,上述分析结果与理论模型相比较基本一致。其中,原C1(创业动机)的四个要素(9.成功欲望;12.兴趣;

33.想象力;35.冒险)与C2的一个要素(33.想象力)同属一个因子,故还命名为创业动机。原C2(创业观念)的两个要素(19.创业精神;25.创业意愿)同属一个因子,故还命名为创业观念。

（2）创业能力

因子分析过程中,因素14(胸怀宽广)、因素29(风险意识)、因素32(客户服务能力)在四个维度上的因子负载过小,不属于任何一个维度,因此被删除。删除这三项后,再次进行因子分析,得出KMO值为0.712,大于0.7,适合做因子分析。

从表3-8和表3-9可以看出,创业能力维度进行因子分析后,结果可以归为四个因子,共解释了64.941%的变异,归并后整理如下。

表3-8　旋转后的因子负荷

因子胜任力要素		要素荷重			
		1	2	3	4
A1	4.识人用人能力	0.702			
	24.资金运作能力	0.702			
	27.计划组织能力	0.622			
	28.学习能力	0.815			
A2	5.市场洞察力		0.765		
	23.竞争意识		0.668		
	26.市场营销能力		0.638		
A3	2.识别商机			0.830	
	3.资源整合能力			0.860	
	22.决策能力			0.549	
A4	1.公关能力				0.844
	7.社会交往能力				0.525

表3-9　总体方差分解情况

因子	初始特征值			旋转平方和载入		
	合计	方差(%)	累积(%)	合计	方差(%)	累积(%)
A1	3.7453	1.207	31.207	2.383	19.857	19.857
A2	1.7351	4.454	45.661	2.013	16.773	36.631
A3	1.183	9.858	55.520	1.949	16.244	52.874
A4	1.131	9.421	64.941	1.448	12.067	64.941

由表3-10创业能力维度的因子分析可以得到四个因子,该分析在剔除要素14、要素29

和要素 32 后进行分析得到的结果与理论模型基本一致。原 A1(经营管理能力)有五个要素,在将要素 32(客户服务能力)剔除了后同属于一个因子,与原构思基本相符,故命名为经营管理能力。原 A2(市场把握能力)的四个要素在剔除了要素 29(风险意识)后,同属于一个因子,故仍命名为市场把握能力。原 A3(战略决策能力)的三个要素属同一个因子,故还命名为战略决策能力。原 A4(人际关系能力)的三个要素在剔除了 14(胸怀宽广)后,同属一个因子,故命名为人际关系能力。

表 3-10　创业能力维度因子构成

因　子	胜任力要素
A1	4.识人用人能力　24.资金运作能力　27.计划组织能力　28.学习能力
A2	5.市场洞察力　23.竞争意识　26.市场营销能力
A3	2.识别商机　3.资源整合能力　22.决策能力
A4	1.公关能力　7.社会交往能力

从表 3-11 和表 3-12 可以看出,创业知识维度进行因子分析后,结果可以归为两个因子,共解释了 56.260% 的变异,归并后整理如下。

表 3-11　旋转后的因子负荷

因子	胜任力要素	要素荷重	
		1	2
K1	30.社会经验	0.747	
	31.社会实践	0.757	
	36.了解社会规则	0.742	
K2	15.法律常识		0.812
	20.专业技术知识		0.733
	34.计算机知识		0.556

表 3-12　总体方差分解情况

因子	初始特征值			旋转平方和载入		
	合计	方差(%)	累积(%)	合计	方差(%)	累积(%)
K1	2.325	38.754	38.754	1.767	29.452	29.452
	1.050	17.506	56.260	1.608	26.808	56.260

由表 3-13 看出,创业知识维度的因子分析可以得到两个因子。该分析结果与理论模型比较一致。原 K1(社会经验)的三个要素同属一个因子故仍命名为社会经验。原 K2(专业知识)的三个要素同属一个因子,与原构思一致,命名为专业知识。

表 3-13　创业知识维度因子构成

因子	胜任力要素
K1	30.社会经验　31.社会实践　36.了解社会规则
K2	15.法律常识　20.专业技术知识　34.计算机知识

（3）创业特质

从表 3-14 和表 3-15 可以看出,创业特质维度进行因子分析后,结果可以归为两个因子,共解释了 63.843% 的变异,归并后整理如下。

表 3-14　**总体方差分解情况**

因子	初始特征值			旋转平方和载入		
	合计	方差（%）	累积（%）	合计	方差（%）	累积（%）
T1	3.155	35.056	35.056	2.231	24.790	24.790
T2	1.388	15.423	50.479	1.704	18.932	43.722
T3	1.022	11.357	61.836	1.630	18.114	61.836

表 3-15　**旋转后的因子负荷**

因子	胜任力要素	要素荷重		
		1	2	3
T1	16.领导魅力	0.672		
	17.自信	0.795		
	18.个人胆识	0.725		
	21.心态积极	0.528		
T2	8.合作意识		0.855	
	10.沟通协调能力		0.806	
T3	6.承受挫折能力			0.565
	11.意志坚定			0.595
	13.吃苦耐劳			0.902

由表 3-16 创业特质维度的因子分析可以得到三个因子,该分析结果与理论模型相比基本一致。其中,原 T1 个人品质的三个要素(16.领导魅力;18.个人胆识;21.心态积极)与 T3(心理素质)的一个要素(17.自信)同属一个因子,分析结果与原构思基本一致,故还命名为个人品质。原 T2(团队协作)的两个要素(8.合作意识;10.沟通协调能力)同属一个因子,故还命名为团队协作。原 T3(心理素质)的四个要素(6.承受挫折能力;11.意志坚定;13.吃苦耐劳;17.自信)在调整掉要素 17(自信)后仍属于一个因子,与原构思基本一致,故仍命名为心理素质。

表 3-16　创业特质维度因子构成

因子	胜任力要素
T1	16.领导魅力　17.自信　18.个人胆识　21.心态积极
T2	8.合作意识　10.沟通协调能力
T3	6.承受挫折能力　11.意志坚定　13.吃苦耐劳

（4）相关性分析

为进一步探讨各胜任力素质因子之间的内在关系,本研究采用 Pearson 相关分析法对各胜任力素质因子进行了相关分析,对显著性水平的检验选用双尾检验（2-tailed）,得到结果如表 3-17 所示。

从表 3-17 可以看出,胜任力素质因子之间大多数呈现明显的正相关,说明创业者需具备的胜任力素质因子既相互独立又相互联系,符合实际情况。

表 3-17　胜任力素质因子相关分析结果

	C1 创业动机	C2 创业观念	A1 经营管理能力	A2 市场把握能力	A3 战略决策能力	A4 人际关系能力	K1 社会经验	K2 专业知识	T1 个人品质	T2 团队协作	T3 心理素质
C1.创业动机	1	0.425**	0.225	0.215	0.228	0.117	0.390**	0.631**	0.476**	0.306*	0.405**
C2.创业观念	0.425**	1	0.195	0.275*	0.216	0.086	0.318**	0.355**	0.519**	0.032	0.207
A1.经营管理能力	0.225	0.195	1	0.668**	0.432**	0.393**	0.363**	0.290*	0.406**	0.218	0.440**
A2.市场把握能力	0.215	0.275*	0.668**	1	0.389**	0.316**	0.429**	0.350**	0.471**	0.381**	0.390**
A3.战略决策能力	0.228	0.216	0.432**	0.389**	1	0.313**	0.301*	0.212	0.502**	0.376**	0.184
A4.人际关系能力	0.117	0.086	0.393**	0.316**	0.313**	1	0.283*	0.226	0.197	0.249*	0.254*
K1.社会经验	0.390**	0.318**	0.363**	0.429**	0.301*	0.283*	1	0.388**	0.350**	0.273*	0.247
K2.专业知识	0.631**	0.355**	0.290*	0.350**	0.212	0.226	0.388**	1	0.640**	0.270*	0.449**
T1.个人品质	0.476**	0.519**	0.406**	0.471**	0.502**	0.197	0.350**	0.640**	1	0.213	0.465**
T2.团队协作	0.306*	0.032	0.218	0.381**	0.376**	0.249*	0.273*	0.270*	0.213	1	0.345**
T3.心理素质	0.405**	0.207	0.440**	0.390**	0.184	0.254*	0.247	0.449**	0.465**	0.345**	1

* 在0.05水平（双侧）上显著相关;

** 在0.01水平（双侧）上显著相关;

（5）创业人才胜任力模型修正

通过因子分析和相关分析,本文对原构建的创业人才胜任力要素进行调整和重新归类如表 3-18。

表 3-18　胜任力要素归类表

维度	创业胜任力因子	要素描述
创业意识	C1.创业动机	9.成功欲望　12.兴趣　33.想象力　35.冒险　19.创业精神
	C2.创业观念	25.创业意愿

续表

维度	创业胜任力因子	要素描述
创业能力	A1.经营管理能力	4.识人用人能力　24.资金运作能力　27.计划组织能力　28.学习能力
	A2.市场把握能力	5.市场洞察力　23.竞争意识　26.市场营销能力
	A3.战略决策能力	2.识别商机　3.资源整合能力　22.决策能力
	A4.人际关系能力	1.公关能力　7.社会交往能力
创业知识	K1.社会经验	30.社会经验　31.社会实践　36.了解社会规则
	K2.专业知识	15.法律常识　20.专业技术知识　34.计算机知识
创业特质	T1.个人品质	16.领导魅力　17.自信　18.个人胆识　21.心态积极
	T2.团队协作	8.合作意识　10.沟通协调能力
	T3.心理素质	6.承受挫折能力　11.意志坚定　13.吃苦耐劳

通过对问卷进行因子分析与相关分析,创业人才胜任力的理论模型基本得到验证,其中对14、17、29、32、33这五项要素进行了调整和删除,由此得到了理论与实践相结合的创业人才胜任力模型。

四、创业人才培养的主要目标和内容体系

(一)创业人才培养的主要目标

一般来说,确定创业人才培养目标必须考虑社会对人才的需求。根据社会对人才的需求情况,培养目标也不相同。但值得注意的是,现代教育对学生将来融入社会的能力培养都给予了高度重视。例如,美国 MIT(麻省理工学院)的培养目标为:帮助学生开发理解力(understanding)、成熟处事能力(mature ability to handle affair)和迎接现代社会的挑战能力(abilities needed to meet challengers of morden society)。

从创业教育的内涵看,创业教育所要培养的人才应该是具备创业精神、创业知识、创业能力和技能从而能够进行岗位创业、自主创业的人。上海师范大学高等教育研究所夏人青等人认为,"是高校主动顺应时代发展而做的一次人才培养模式的深化和转变,也是高校践行素质教育和创新教育人才培养理念的进一步具体化。也就是说,高校创业教育与人才培养一样,其实质都是培养什么样的人才的问题"。具体落实到创业教育的实践当中,目标就必须更加细化、更加明确。

1.激发学生创业意识

教育本质上是一种培养人的社会活动,而人的培养过程不仅需要有高水平的教师,良好

的教学环境,更需要学生个体的积极参与。创业人才的发展是他人不可替代的,发展的主动权应该掌握在学生手里。创业人才培养着重于引导学生树立主体意识,摆脱依赖性、被动性、模仿性和简单适应性,形成自主性、主动性、创造性和独立思考问题、敢于挑战权威的优良品质。创业人才培养高度重视开发学生的自我发展、开拓进取的主体意识,注重把学生培养成具有鲜活个性、充满活力、不墨守成规、敢作敢为、具有发展潜力的创业型人才。

关于创业意识,彭钢指出,它是在创业实践中对个体起到动力和核心作用的一种意识倾向。创业意识支配着创业者对于创业的态度和行为,决定了行为的方向和强度。培养创业意识,包括认同创业价值、树立创业理想和激发创业情感。这当中以树立创业理想为核心。创业教育要使学生认识到,创业是解决就业问题的重要途径之一,大学生应转变就业观念,树立创业的信心和精神,并为此培养坚韧不拔的毅力,愈挫愈勇的精神。西安交通大学作为试点高校之一,在校内不仅开设了创业教育的课程,还在管理学院工商管理一级学科下专门设立了创业管理方向,对有志于创业的学生进行创业意识的培养,并重视营造创业氛围。目前西安交通大学开设的创业教育课程从形式上来说涵盖了选修课和必修课。从覆盖面来说,包括了本科生和研究生。西安交通大学通过分层次、多选择的途径在全校范围内激发学生的创业意识。

2.丰富相关创业知识

对于学生创业来说,第一,大学生掌握的专业知识要扎实深厚,非专业知识要广博,这是创业的基础,也是学生创业的优势及特点。第二,相关的商业知识、企业管理知识、法律法规知识也是大学生不可缺少的。来自北京航空航天大学学生创业过程中的反馈信息显示,学生创业最大的问题之一就是知识的限制,大学生所学知识大部分仅限于校园里、课堂上,创业的相关知识较为匮乏。北京航空航天大学根据这一现实问题,设计了模块化的课程模式来提供相关知识。这一模式从创业的流程出发,从识别创业机会、撰写商业计划书到创业培训、团队组建与管理,到最终孵化企业、发展企业,从市场分析、市场营销、战略管理、财务到法律支持、政策支持、风险管理,提供每个环节涉及的、所需要的相关创业知识。

3.培养学生创业能力

具有创业思想的人,在思维特点上须表现出不为陈规陋习束缚,能随机应变,充分发挥创造性,对变化着的外部条件能很快适应,能摆脱思维惯性,改变工作趋势的能力或特质。更重要的是,他们应能从习以为常的现象中发现那些不属于已有知识和观念范围的东西。开展创业思想教育,关键一点就是要引导创业人才敢于打破常规,超越现实或传统的思想束缚,培养创业人才具有创新与超越意识。对于大学生而言,既要鼓励他们岗位创业,也要支持他们敢于自主创业,学会自我发展,培养他们具有创业的胆量、勇气和开拓精神。

创业能力包括组织决策能力、与人沟通合作的能力、自我管理能力、社交能力,甚至是语言表达等各方面的能力。具备创业能力并不能决定创业一定成功,但是创业能力的强弱从根本上影响着创业成功与否的概率和企业的长足发展。课堂教学与实习实践都是提高创业能力的良好途径。各试点高校通过第一教学课堂与丰富多彩的第二课外课堂活动,创造条件提供各种实习或实践的机会。黑龙江大学的创业教育课程以"创造、创新、创业"为主线,目前已经开设了创业投资与融资等27门课程,以选修课的形式为广大学生提供了创业的全方位知识和培训。同时,学校开设创业管理等辅修专业。作为第二学位教育,课程总数达到250门左右。除此之外,第二课堂的实践学习结合创新实验室、建立创业园区、开展创新课题和创业大赛以及校企合作计划(即大学生实践企业合作计划 SPEC)等多种形式展开。

4.提高创业成功率

创业存在相当的市场风险。我国有约40%的企业在创建,1年之内就倒闭,生存期达5年的也仅有20%左右。据估计,目前我国大学生创业公司可能的失败率高于90%。开始创业的初期学生都很乐观,但是绝大多数人并没有成为那不到10%的成功者。创业教育就是尽量提供创业中所需知识、所需技能,以尽可能达到降低创业风险并提高创业的成功率的目的。

社会主义市场经济的发展,将使我国经济逐步与国际市场接轨,参与国际市场竞争,这就需要一批视野开阔、知识广博、具有市场开拓意识和雄才大略的创业者。因此,在培养具有创业意识、精神和创业能力的开创型的创业人才的过程中,要引导学生发现市场、把握市场机遇的事业敏感性。同时注重加大力度培养大学生市场开拓意识。要培养和强化学生的市场开拓意识,首先要摒弃长期沉积下来的、与落后市场相关的观念。其次,培养大学生独立的思维方式,要让他们勤于思考,善于多维观察问题,善于创意,并对中国经济发展趋势和经济全球化的趋势保持一贯的敏感性。在市场经济激烈竞争和瞬息万变的环境中,大学生们应思路清晰,学会审时度势,善于捕捉和创造商机,积极主动开拓市场。

(二)创业人才培养的内容体系

1.创业人才的意识

创业意识就是在创业实践活动中对人有动力作用的个性倾向,具体包括动机、信念、需要、理想、兴趣和世界观等,是大学生对创业实践活动的正确认识、自觉决策和理性分析的心理过程。

创业意识教育主要是培养大学生的一种创业意识,激发和发展他们的创新思维。而在实施创业教育的过程中,积极引发受教育者和教育者的创业意识是第一任务。通过创业意识的教育,使学生转变就业观念,认识到自主创业是社会进步的需要,是自身生存的需要,也是实现自我价值的需要,是更高层面上的就业。创业意识的培养是以提高学生自我就业能力为目的的。鼓励学生大胆创业,尤其注意培养学生"白手起家",变自己去求"饭碗"为为他人提供"饭碗"。这不仅能减轻政府的就业压力,而且还会提供更多的就业机会。加强大学生创业意识的培养,应该着重帮助其树立三种创业意识,即自主创业意识、艰苦创业意识、合作创业意识。

(1)自主创业意识的培养

培养大学生的自主创业意识,需要从三个方面加以引导。一是不能仅仅寄托于竞争现岗就业,而要勇于创造新岗自主创业。是以选择竞争现岗就业为主,还是以选择自己创造新岗灵活就业为主,这是一个导向问题。应使大学生明确,当代大学生不能只是现代社会现有工作岗位的挤占者,不能"坐享其成"抢占社会有限的就业机会,应该是充分发挥自己的知识优势和能力,创造更多的就业机会和工作岗位,让更多的人就业。二是不能仅仅在就业岗位上谋生,还要在工作岗位上创新、创业。许多大学毕业生找到了工作岗位后,因为缺乏创新意识和能力,在工作岗位上碌碌无为,不能创造出更好的工作业绩而丢失就业机会。当代大学生要放弃一找到工作就一劳永逸的念头,树立起找到工作只是创新、创业开始的意识。三是不能锁定一个单位"从一而终",而要主动适应岗位的转变。当今社会,改行转业,更换职业和工种,无论是被迫的还是主动的,都已逐渐成为习以为常的事情。当代大学毕业生只有具备创新应变的意识和能力,今后才能比较顺利地从一个生产部门转移到另一个生产部门,从一种形态的劳动者转变为另一种形态的劳动者,顺利适应岗位的横向流动。

(2)艰苦创业意识的培养

当代大学生独生子女相当多,他们往往依赖性强,自主性差,缺乏艰苦奋斗意识。创业是艰辛的,是要有很多付出的,并要承担相应的财务的、精神的和社会的风险,同时也获得金钱的回报、个人的满足和独立自主。任何成功的创业者都必须具有坚韧不拔的艰苦创业精神,不怕苦、不怕累、不怕失败、勇往直前,不达目的决不罢休,这就是艰苦创业的精神。因此,培养大学生艰苦创业的意识应从三方面入手:在学生的人生观、世界观和价值观的确定上,要引导学生树立远大的革命理想,培养不畏艰难困苦,勇于开拓的精神;在学习和工作上,要教育学生刻苦学习,奋力拼搏;在生活方式和生活作风上,要教育学生艰苦朴素,克勤克俭,不铺张,不浪费。

(3)合作创业意识的培养

所谓合作,是指"社会互动中,人与人、群体与群体之间为了达到互动各方都有某种益处的共同目标而彼此相互配合的一种联合行动"。在创业领域,合作具有十分重要的意义。有的创业者个人很有能力,但是不善于将自己的能力外化为组织的能力,结果整个企业的运作就变成创业者个人的"独角戏",创业者不得不独自支撑整个企业的运转,企业的其他成员爱莫能助,缺少的就是合作和团队精神。学会合作是21世纪人才的必备素质。为此,培养大学生的合作意识应渗透到大学教育的方方面面,从校园文化活动到社会实践,甚至可以开设专门的团队训练课程。对大学生进行创业教育,涉及课程设置、实践活动、教学体制、教育评价模式的改革等等,但创业思想教育与创业技能训练是最为关键的。创业思想教育是创业技能训练的基础。创业思想教育重在创业意识的培养、创业动机的确立和创业心理品质的养成,以使大学生形成正确的创业思想。

2.创业人才的知识

Reuber、Dyke 和 Fischer 将创业知识定义为从经验中获得的一种知识。Kirznc 提出创业知识是一种关于在哪里获取知识的知识。Mirmiti 认为创业知识是区别于专业知识的一般性知识。从企业的角度看,企业从创立开始,就会面对各种不确定的过程,学习如何应对不确定性的过程就是积累创业知识的过程。

创业知识是指在创业实践活动中的工商企业经营的基础管理理论知识和创业中的应用知识,包括对企业作为经济组织的认识、对企业外部市场的认识、对企业经营管理的认识以及对创业过程知识的了解,这是创业的准备阶段。创业知识不光包括专业技术层面,社会经验也是创业知识的重要补充。

(1)社会经验

很多研究者都认为社会经验对创业者是很有帮助的。比如,Mc Grath 和 Mac Millan 认为,先前具有开办企业经历的创业者会形成一种心理模式,经过一个转化过程后,社会经验可以形成创业知识的一个层面。

丰富的社会经验意味着创业者的起跑线提高了。不管是不是大学生都要有社会经验,也就是人生经验,因为只有这样才能更好地适应社会。学习是为了将来能更好地适应社会,更好地生活。目前国家正加大职业教育的力度,从这一点看我国高等教育政策正在向职业化方向转型,书本上的知识和现实工作往往相去甚远。

(2)专业知识

创业者在工作中不需要事事俱备,面面俱到,但是熟练的专业知识,精湛的专业技能却是保证自己在业内游刃有余的必备条件。

其一是专业技术知识。专业技术能力是创业者掌握和运用专业知识进行专业生产的能力,具有很强的实践性。许多专业知识和专业技巧要在实践中摸索,逐步提高发展、完善。创业者要重视创业过程中专业知识技术方面的经验积累和职业技能的训练。对于书本上没有介绍过的知识和经验要探索,在探索的过程中要详细记录、认真分析,进行总结、归纳,上升为理论,形成自己的经验特色,积累起来。只有这样,专业技术能力才会不断提高。

大学生利用专业技术知识创业,有利于形成自己企业的核心竞争力,有利于在竞争中处于主动地位。那么,一般来说,大学生创业需要具备哪些专业技术知识呢?

不同经营范围的企业,需要具备不同的专业技术知识。如计算机开发与销售企业,必须具备计算机相关知识。医药企业,必须具备一些医药专业知识等。专业知识的具备能使你少走弯路,工作起来"如鱼得水"。纵观近几年在高科技领域企业取得成功的创业者,无一不具有深厚的专业知识。发挥专业优势,利用技术特长创办企业,是众多企业家的成功之道,具有强大的市场生命力。

其二是管理知识。管理出效益,管理是企业生产与发展的重要动力。历史的教训告诉我们:国内外众多企业特别是我国一些国有企业,往往由于管理不善而负债累累甚至破产。因此,作为一名创业者,掌握一定的企业管理知识是十分必要的。管理知识主要包括企业行政管理知识与经营管理知识等。

创业过程中用人非常重要。历史上楚汉相争中完全处于劣势的刘邦能够打败强大的项羽,其中一个重要原因就是刘邦任用了三个能干的人:张良、韩信与萧何。

其三是财务知识。涉及资金筹集,流动资产、固定资产、无形资产、递延资产的管理,对外投资成本的核算,对营业收入、利润的分配以及财务评价等方面的知识。

创办企业要懂得一些基本的财会知识,例如如何准确计算企业盈亏,如何筹集资本金,提高资金使用效率,如何降低产品成本,增加企业利润,如何实现财务监督,如何建立健全企业内部财务管理,如何计算和缴纳税款,如何合理分配收入和使用自有资金。

税务知识创办企业需要了解一些基本的税务知识:一是对流转额的征税,即根据商品或劳务买卖的流转额所征收的税,包括增值税、消费税、营业税和关税四种。二是对收益额的征税,即以纳税人的纯收益为征税对象的税收,包括企业所得税、个人所得税、对高新投资企业和外国企业的所得税、农(牧)业税四种。三是对行为的征税,即对某些特定行为的征税,包括固定资产投资方向调节税、印花税、城市维护建设税三种。四是对财产的征税,即对拥有应纳税财产的人征收的税,包括房产税、契税、车船使用税、土地增值税四种。五是对资源的征税,即对开发、使用我国资源的单位和个人,就各地的资源结构和开发、销售条件差别所形成的级差收入征收的税。包括资源税、耕地占用税、城镇土地使用税三种。

一般来说,应用较多的有增值税、营业税、企业所得税、个人所得税、教育附加税和城市建设税等。

其四是法律知识。对于企业法、合同法、经济法、涉外经济合同法、反不正当竞争法等都要有一定程度的了解。特别是我国加入 WTO 后,对外贸易日益增多,对这方面的一些法律法规我们都要熟悉,否则在对外贸易中就会吃亏,还要善于运用国际法、世贸规则等。

其五是商业知识。要知道如何利用资本市场通过股票、债券来融资,应对租赁融资、银行贷款、补偿贸易、来料加工等知识都要有一定程度的了解。

3.创业人才的技能

创业人才是企业的中高级经营管理人才,要培养中高级经营管理人才就必须培养创业人才的企业策划能力和经营决策能力。一般管理人才只需要掌握创业的知识,而创业人才则必须掌握企业策划技能和经营决策技能,创业的实践才有可能取得成功。

创业能力是一种特殊的能力,这种特殊能力往往影响创业活动的效率和创业的成功。创业能力包括决策能力、经营管理能力与交往协调能力等。

（1）决策能力

决策能力是创业者根据主客观条件因地制宜,正确地确定创业的发展方向、目标、战略以及具体选择实施方案的能力。决策是一个人综合能力的表现,一个创业者首先要成为一个决策者。创业者的决策能力通常包括分析、判断能力和创新能力。

大学生要创业,首先要从众多的创业目标以及方向中进行分析比较,选择最适合发挥自己特长与优势的创业方向和途径、方法。在创业的过程中,能从错综复杂的现象中发现事物的本质,找出存在的真正问题,分析原因,从而正确处理问题,这就要求创业者具有良好的分析能力。所谓判断能力,就是能从客观事物的发展变化中找出因果关系,并善于从中把握事物的发展方向。分析是判断的前提,判断是分析的目的,良好的决策能力是良好的分析能力加果断的判断能力。

（2）经营管理能力

经营管理能力是指对人员、资金的管理能力。它涉及人员的选择、使用、组合和优化,也涉及资金聚集、核算、分配、使用、流动。经营管理能力是一种较高层次的综合能力,是运筹性能力。经营管理能力的形成要从学会经营、学会管理、学会用人、学会理财几个方面去努力。

（3）交往协调能力

交往协调能力是指能够妥善地处理与公众(政府部门、新闻媒体、客户等)之间的关系,以及能够协调下属每个部门成员之间关系的能力。创业者应该做到妥当地处理与外界的关系,尤其要争取政府部门、工商以及税务部门的支持与理解,同时要善于团结一切可以团结的人,团结一切可以团结的力量,求同存异共同协调地发展。做到不失原则、灵活有度,善于巧妙地将原则性和灵活性结合起来。总之,创业者搞好内外团结,处理好人际关系,才能建立一个有利于自己创业的和谐环境,为成功创业打好基础。

协调交往能力在书本上是学不到的,它实际上是一种社会实践能力,需要在实践活动中学习,不断积累总结经验。这种能力的形成,一是要敢于与不熟悉的人和事打交道,敢于冒险和接受挑战,敢于承担责任和压力,对自己的决定和想法要充满信心、充满希望。二是要养成观察与思考的习惯。社会上存在着许多复杂的人和事,在复杂的人和事面前要多观察多思考,观察的过程实质上是调查的过程,是获取信息的过程,是掌握第一手材料的过程,观察得越仔细,掌握的信息就越准确。观察是为思考做准备,观察之后必须进行思考,做到三思而后行。三是处理好各种关系。可以说,社会活动是靠各种关系来维持的,处理好关系要善于应酬。应酬是职业上的“道具”,是为人处世待人接物的表现。心理学家称:应酬的最高境界是在毫无强迫的气氛里,把诚意传达给别人,使别人受到感应,并产生共识,自愿接受自己的观点。搞好应酬要做到宽以待人,严于律己,尽量做到既了解对方的立场又让对方了解自己的立场。协调交往能力并不是天生的,也不会在学校里就形成了,而是在走向社会后慢慢积累社会经验,逐步学习社会知识而形成的。

4.创业人才的实践能力

创业实践能力是指人才潜在的工作执行能力。一个好的创业方案要靠优秀的人才来实施,人才的实践能力决定计划结果的成败。但凡有一定成就的人,都是经过了艰苦的创业历程的。创业的过程是不断发展、不断学习提高的锻炼过程。

（1）良好的创业心理品质

创业之路,是充满艰险与曲折的,自主创业就等于是一个人去面对变幻莫测的激烈竞争,以及随时出现的需要迅速正确解决的问题和矛盾,这需要创业者具有非常强的心理调控能力,能够持续保持一种积极、沉稳的心态,即有良好的创业心理品质。它是对创业者的创业实践过程中的心理和行为起调节作用的个性心理特征,它与人固有的气质、性格有密切的关系,主要体现在人的独立性、敢为性、坚韧性、克制性、适应性、合作性等方面,它反映了创业者的意志和情感。

创业的成功在很大程度上取决于创业者的创业心理品质。正因为创业之路不会一帆风顺,所以,如果不具备良好的心理素质、坚忍的意志,一遇挫折就垂头丧气、一蹶不振,那么,在创业的道路上是走不远的。宋代大文豪苏轼说:"古之成大事者,不唯有超世之才,亦必有坚韧不拔之志。"只有具有处变不惊的良好心理素质和愈挫愈强的顽强意志,才能在创业的道路上自强不息、竞争进取、顽强拼搏,才能从小到大,从无到有,闯出属于自己的一番事业。

（2）创业精神

自信心能赋予人主动积极的人生态度和进取精神,不依赖、不等待。要成为一名成功的创业者,必须坚持信仰如一,拥有使命感和责任感,信念坚定,顽强拼搏,直到成功。信念是生命的力量,是创立事业之本,信念是创业的原动力。要相信自己有能力,有条件去开创自己未来的事业,相信自己能够主宰自己的命运,成为创业的成功者。自强就是在自信的基础上,不贪图眼前的利益,不依恋平淡的生活,敢于实践,不断增长自己各方面的能力与才干,勇于使自己成为生活与事业的强者。自主就是具有独立的人格,具有独立的思维能力,不受传统和世俗偏见的束缚,不受舆论和环境的影响,能自己选择自己的道路,善于设计和规划自己的未来,并采取相应的行动。自主还要有远见、有敢为人先的胆略和实事求是的科学态度,能把握住自己的航向,直至达到成功的彼岸。自立就是凭自己的头脑和双手,凭借自己的智慧和才能,凭借自己的努力和奋斗,建立起自己生活和事业的基础。21世纪的青年人应该早立、快立志向,自谋职业,勤劳致富,建立起自己的事业。

上述四个方面的基本素质中,每一项基本素质均有其独特的地位与功能,任何一个要素都会影响其他要素的形成和发展,影响其他要素的功能和作用的发挥,乃至影响创业的成功。因此一个未来的创业者,不仅要注意在环境和教育的双重影响下培养自己的创业素质,而且要重视其整体结构的优化,在创业实践中不断提高自我的创业素质。很多人都渴望创业,但苦于没有资金。想要创业,就必须考虑如何能低成本创业。那如何进行低成本的创业呢？必须要有心理准备，要有吃苦和百折不挠的精神，要勤奋，要有正确的方向和方法，要有良好的规划和人生设计。要充分利用现有的资源，要发挥自己的主观能动性，要发挥自己的优势，扬长避短，要善于借势。

第二节　制定人才培养规划

创业人才培养规划的制定就是要在培养需求分析的基础上，以创业人才培养目标为依据，进行培养方案的设计。创业人才培养规划主要包括创业人才培养管理体系的规划、创业人才培养课程体系的规划、创业人才培养方式的规划等。本节主要讨论高校创业人才培养管理体系的规划问题。

一、创业教育的形成

（一）创业教育的产生

"创业教育"是由英语中"enterprise education"翻译而来的，"创业教育"最早由联合国教科文组织 1989 年在北京召开的"面向 21 世纪教育国际研讨会"上提出，主要是指对青年的事业心、进取心、冒险精神等的培养。多年来，创业教育日渐成为教育界讨论的热点。但是目前大家对创业教育概念的理解，仍是众说纷纭。

有的专家认为，所谓创业教育就是教育学生不是消极地等待单位招聘就业，而是在没有就业机会的情况下勇于自己创业。有的学者认为创业教育就是让学生如何求职和创造新的就业岗位。有的学者提出，创业教育是指企业家精神，即一种将创新成果与商业冒险结合起来的潜质的培养。它是创新教育、素质教育的具体的、高层次的目标。也有学者认为，创业是一种面向社会需要，建立新的组织向公众提供产品或服务的社会活动。创业教育是以创业过程、知识传授和创业能力培养为内容的教育活动。还有的学者认为，所谓创业教育，是指以开发和提高青少年的创业基本素质、培养具有开创个性的社会主义建设者和接班人的教育。

联合国教科文组织指出，创业教育从广义上来说是培养具有开创性的个人的教育，它对于拿薪水的人也同样重要，因为用人机构或个人除了要求受雇者在事业上有所成就外，正越来越重视受雇者的首创精神、冒险精神、创业能力、独立工作能力以及技术、社交和管理技能，它为学生灵活、持续、终身学习打下基础。所谓高校创业教育，是指结合专业教育，向大学生传授创业知识，增强其创业意识，培养其创业精神，提高其创业能力，使大学生毕业后大胆走向社会，实现自主创业或在以后的工作中实现自我发展的一种教育模式，它是集教育学、心理学、管理学、经济学、创业学、创造学、法学等学科为一体的综合性学科。它应该包括两层含义:第一,通过创业教育,让学生能够自谋职业、自主创业;第二,通过创业教育,让学生具备创业意识、创业技能和创新精神。

"创业"和"高校创业教育"之间并没有必然的因果关系,但从理论与实践之间的角度来看,要有理论的指导才能有实践的正确方向。因此,一般认为"高校创业教育"是实施创业活动的基础或前提,这包括知识上、意识上、技能上、心理上和思想认识上等多个方面的储备。我们知道,理论可以指导实践,但并不会直接产生实践行动以及实践行动的成功,创业教育也是如此。仅仅有了创业教育作为大学生创业的基础和先导,有了高校创业教育的实施,未必就会产生创业的实际行动和创业的成功,但我们相信,一旦有了这种行为,那么必将使得创业更具前瞻性、目的性和有效性,创业才能够取得相应的成功。因此,从这个层面上来说,前者是后者的理论与基础,是准备阶段,后者是前者实施的结果。没有前一阶段的思想上的教育和培养,就不会有后一阶段的行动实施和创业成就。因此,高校创业教育是一种创业准备的教育。因受教育的对象不同,创业教育也就可分为针对不同对象的创业教育,高校创业教育只是创业教育的一个部分,一个分支,一个局部。

(二)创业教育的内涵

21世纪是知识经济的时代,社会发生了巨大变革,尤其是信息和知识产业化的高速发展,不仅给我们带来了严峻的挑战,更提供了发展机遇。创业教育指的是开发和提高大学生创业素质和能力的教育。世界首届高等教育会议曾强调,"创业技能与创业精神是高等教育的基本目标,高校大学生首先是工作岗位的创造者,其次才是求职者"。我国创业人才的培养一直停留在创业意识和创业精神的培养上,注重理论教学和课堂教学,缺乏实验实训教学环节,创新创业技能和能力明显不足。

1.创业教育与就业教育

就业教育和创业教育既是两种不同的人才培养模式,也是两种不同的教育质量观。前者以填补现有的就业岗位为价值取向,后者则以创造性就业和创造新的就业岗位为目的。创业教育本身不排斥就业教育,它包含在就业教育之中。就业应该包含从业和创业两种形式。计划经济体制时期,我国高校毕业生通过统一分配得到职业。就业制度改革后,毕业生通过"双向选择"实现就业目的。不论是"统分"还是"双选",以往中国高校的毕业生,实际上都是以参与前人业已存在的事业即从业方式实现就业。若能在开创基业的同时获得自己的职业岗位,那便是通过创业的方式实现就业。应该说,自主创业的就业观是我们应提倡的一种比自主择业依附性更小、主体意识更强的就业观。如果我们站在就业的角度,把以解决受教育者的就业问题作为直接目的的教育称作就业教育,那么创业教育无疑是从属于就业教育的,创业教育理念在高校的形成和确立,将大大地拓宽就业教育的发展空间。

2.创业教育与专业教育

专业教育是指学生对专业知识和专业技能的学习,获得专门的职业岗位技术和专门的劳动技能。专业教育是创业教育的基础内容,没有这个基础,创业教育只能是无本之木。创业教育中的所创之"业"与专业教育是紧密相连的。创业教育是建立在融合学生所学的基础知识、专业知识基础之上的,通过各种创业实践、设计、模拟构想的实际操作,以达到培养学生创造、创新、创业的精神和技能的能力教育。创业教育应该从专业教育的特点出发,努力培养学生符合专业发展方向、适应未来创业需要的能力结构,使创业教育与专业教育相辅相成。

当然,创业教育也有发展为专业教育的可能。如美国百森商学院就开设有创业学专业来培养高层次的创业人员。创业教育在我国目前正处于研究、探索阶段。我国创业环境艰难、创业文化稀缺、创业意识淡薄等特点,决定了我国目前还不具备把创业教育作为专业教育来开展的条件,它的实施要借助于某种具体的教育类型作为载体,如基础教育、职业教育、成人教育、高等教育等。

3.创业教育与创新教育

创新教育是以培养学生创新精神和创新能力为基本价值取向的教育。创业教育是开发、提高学生自主开创事业基本素质的教育。创新与创业两者的内容在本质上是相通的。

创新是创业的先导和基础,创业是创新的重要载体和表现形式,创业的成败取决于创新的程度。创新教育注重的是对人的发展总体的把握,创业教育着重的是对人的价值具体的体现。二者相互促进又相互制约,是密不可分的辩证统一体。创新教育与创业教育的内容有许多相似之处,但这并不说明二者可以相互替代。因为,仅仅具备创新精神是不够的,它只是为创业成功提供了可能性和必要的准备,如果脱离创业实践,缺乏一定的创业能力,创新精神也就成了空中楼阁,无法落在实处。创新精神所具有的意义只有作用于创业实践活动才能有所体现,才有可能最终产生创业的成功。

(三)创业教育的基本特征

创业教育作为一种新的教育理念和教育体系,有其自身的特征。把握其特征,有助于我们进一步理解创业教育。具体讲有如下特征:

1.注重与时代相结合

任何一种教育理念或教育模式都会打上强烈的时代烙印,创业教育也不例外。当今时代是一个开放的时代,竞争的时代,变革和创新的时代,新的时代呼唤新型的、具有开创性的教育理念和教育模式,而创业教育正是紧扣时代脉搏,体现时代精神的一种教育理念和教育模式。创业教育,就是面向21世纪的教育。

2.注重培养创新精神

创业所要做的本身就是一种"创新",因而创业教育必然离不开创新,创业教育谈的是从创新出发的创业。这就要求高校在学生入学时,就要告诉学生,本专业培养的目标是什么,将来的职业前景如何。在平时的教学过程中也应时时与本专业将来所从事的工作联系起来,一点一滴地培养学生的创新能力和创业意识,将他们的新构思,通过新产品、新流程以及新的服务方式,有效地体现到市场中,进而创造新的价值。

3.注重社会实践活动

创业教育十分强调对受教育者动手与动脑能力的培养,强调受教育者社会行动能力的培养,强调受教育者在实践中学会生存,学会处世,从而更好地适应和融入社会。加强社会实践活动是创业教育的一个重要环节,通过社会实践,使受教育者能正确地面对社会现实,并根据社会需要提升自己的素质。

4.注重综合性

要使大学生毕业后不仅成为适应现代社会的高素质的公民,而且成为推动生产力发展的创业者,就必须强调创业意识、创业心理、创业知识和创业能力等方面的融合与综合。要通过学生的主动学习和教师的指导性教学,使学生既掌握基础知识,又掌握专业知识;既提高理论水平,又提高基础技能;既培养知识的应用能力,又培养社会适应与应变能力。

5.注重终身性

创业教育是一种使受教育者的综合素质不断提高的终身教育过程,它会伴随创业者的创业及其创业活动的发展而一直持续下去,需要不断充实新内容,寻求新模式,并逐步深化。

二、国外创业人才培养模式分析

1947年,哈佛大学商学院教授迈尔斯·梅斯(Myles Mace)创设了创业课程:新企业管理,从此,创业教育在世界范围内发展起来。中国创业教育的时间比较短,目前还处于初级探索阶段,而世界上很多国家的创业教育发展比较成熟,经验丰富。下面以美国、英国以及日本为例,介绍创业教育的发展情况。

(一)美国创业人才培养模式

1.美国创业教育的发展

美国高校创业教育的历史有60年了,首开创业教育先河的要数哈佛大学,始于1947年。斯坦福大学的创业教育开始于1949年,百森学院的创业课程设立于1967年。

美国的创业教育已经形成了一个相当完备的体系,涵盖了从小学、初中、高中、大专直到本科、研究生的正规教育。创业教育已经在高校中普遍实施。有一项研究表明,在被调查的大学中,37.6%的大学在本科教育中开设了创业学课程,有23%的大学研究生教育中开设了企业创业课程,38.7%的大学同时在本科和研究生教育中开设了至少一门创业课。美国表现最优秀的股市专家和高新技术企业主有86%接受过创业教育。

(二)美国高校实施创业教育的特点及启示

美国高校的创业教育不仅起步比较早,而且在企业家培养、课程建设、师资配备、组织机构诸方面形成了自身的特色。美国高校创业教育的经验对我国高校开展创业教育有很强的借鉴意义。

1.注重培养企业家精神,围绕小企业的发展做文章

美国是鼓励创业精神的典型代表。很多美国人认为就业是自己需要雇主,自己在就业方面是被动的。创业教育则要使学生将被动的就业观念转变为主动的创业,创业教育鼓励学生将创业作为自己职业的选择。美国在经济发展过程中,深深体会到企业家精神不可忽视,因而社会舆论十分推崇创业的企业家精神。相应地,它们的创业教育也注重企业家精神的培养,这从创业教育对应的英文词汇"enterprise education"中可见一斑。进入21世纪以来,世界整体经济形势发生了巨变,社会经济发展日益朝着服务化、创新化及多元化的方向发展。同时,第三产业及灵活的小企业成为世界经济发展的主动力,随之而来的是社会就业形势及职业构成的急剧变革。据麻省理工学院1999年的一项统计,该校毕业生已经创办了4000多家公司,自1990年以来,该校毕业生和老师平均每年创办150家新公司。从20世纪70年代开始,经济学家们认为只有大型企业才是美国经济支柱和就业机会提供者的观点被推翻。1969—1976年间,大量的新成长的中小企业创造了美国经济发展中81.5%的新就业机会。1980年以后,美国超过95%的财富都是由大变革中新兴的中小企业创造的。在这种经济结构转型过程中,以比尔·盖茨为代表的创业者掀起的"创业革命"起了决定性的作用,并由此推动了美国创业教育的发展。哈佛商学院、麻省理工学院、宾州大学等著名高校,从20世纪80年代开始纷纷设置创业教育课程。据统计,1977年美国仅有50—70所学院和大学开设了与创业有关的课程,而1999年达到1100所左右。到2005年初,有1600多所高等院校开设了创业学课程,如今美国的创业教育已经形成了比较完善的体系结构。

在美国,创业教育促成许多中小企业的诞生,拉动美国经济的增长,实现了课堂与实践的结合,掀起了全社会重视创新的氛围,形成倡导创新创业的社会氛围。美国经济的快速发展和创业教育的蓬勃兴起表明,社会创业风气的形成和创业环境的营造是创业教育生长发展的肥沃土壤。

2.拥有完备的创业教育课程体系

美国大多数院校都将创业作为一个专业领域或研究方向,因而具有完整且成系统的教学计划与课程结构体系。

美国高校创业教育课程内容的设置是以培养学生的创新意识及实践能力为主。美国高

校创业教育课程的内容更注重的是"知道怎样去做"这样操作性、实用性的知识与技能教育，而非仅仅是"知道什么和为什么"等理论层面的浅显知识。

美国高校的创业教育之所以取得了辉煌的成就，成为美国经济发展的直接驱动力，一个重要的原因是高校已建立起了完善的、各具特色的创业教育课程体系，使美国高校创业教育的实施具有鲜明的针对性与可操作性。同时，美国高校的创业教育课程的设置十分细致，涵盖了不同领域创业活动所需要的各种知识与技能。可以说，完备、丰富的创业教育课程内容增强了美国高校创业教育的实效性。

3.建设起一支有良好创业素养的专兼职教师队伍

美国高校十分重视创业教育师资队伍的建设。

一是鼓励和选派教师从事创业及创业实践体验，很多美国大学商学院的教授曾经有过创业的经历，并担任过或现在仍然担任一些企业的外部董事，这使得他们对创业领域的实践、发展趋势及创业教育社会需求变化有良好的洞察力。创业实践体验主要通过模仿进行，如让教师组成小组设计商店店面、寻找商店地点、给商店取名、判断销售目标、讨论预算、开发广告等，在创业活动中体验创业过程，积累创业经验。

二是注重吸收社会上一些既有创业经验又有一定学术背景的资深人士从事兼职教学和研究工作。例如 Intel 公司的前任首席执行官、现任董事长 Andrews Gove 从 1991 年开始就担任斯坦福大学商学院的兼职讲师，每年秋季讲授 1 到 2 门课程。兼职教师的讲课为大学创业教育提供了鲜活的思维，极大地丰富了课堂教学内容。

创业教育离不开高素质的师资队伍，必须把选拔与培养创业教育的优质师资提到重要日程上来。一方面要加强对创业骨干教师的专业培训，制定激励措施，鼓励现职教师到创业一线兼职或有计划地选派有潜质的青年教师直接参与创业实践；另一方面可以聘请一些企业家、成功的创业者、技术创新专家到创业基地任兼职教师，或兼职从事创业方面的教学与研究工作，扩大创业教育的师资队伍。同时，要积极探索丰富多彩的创新创业实践形式，并加强国际国内创新创业领域的学术交流、研讨和科学研究，培养和造就一支宏大的、高水平的创业教育师资队伍。

4.创业教育组织机构多样化

美国高校的创业教育是开放式的，是融高校、社区、企业于一体的，创业教育组织机构主要包括：

（1）高校创业中心。实施创业教育的美国各高校都设有专门的创业教育机构。由专门的学校领导及教师负责。主要有三个方面的功能：制订和实施创业教育课程计划、创业教育研究计划、外延拓展计划。课程计划一般分为公选课程、本科生课程、研究生课程。研究计划主要包括主办创业研究会议，出版研究期刊、著作和论文，开展课题研究等。外延拓展计划一般包括孵化器和科技园、风险投资机构、小企业开发中心、创业校友联合会、创业者俱乐部等。

（2）智囊团。智囊团是指由一些创业成功的企业家、企业的高层管理者及美国社会的知名人士所组成的为美国高校实施创业教育提供经验及资助的组织，是美国高校实施创业教育的重要外在力量。智囊团的主要作用有三点：一是为高校开展创业教育提供咨询，包括解答大学生模拟创业过程中所遇到的疑难问题、提供方法及创业计划等；二是为高校开展创业教育及大学生的创业实践提供资金、场地及机会等；三是参与高校的创业教育，直接向大学生传授创业技能及知识，成为教育者。如马里兰大学公园分校（University of Maryland at College Park）创业中心的智囊团由地方公司、创业公司、金融公司和部分排在前几位的大公司的CEO组成。他们拥有丰富的企业管理经验及创办公司的知识，更可以为高校创业教育的开展提供外援。

（3）创业家协会。一般由比较杰出的创业家组成，他们不但要参与教学，还要为创业中心提供资金和各种捐助。

（4）创业研究会。每年召开一次学术交流会议，为创业研究者提供人际沟通机会，出版会议交流论文、索引、文摘及相关信息。

（5）家庭企业研究所。主要负责开设家庭企业系列讲座、家庭企业研讨会、颁发杰出家庭企业奖等，目的是帮助家庭企业快速成长并成功地把企业交给下一代。

（三）英国创业人才培养模式

英国是继美国后较早开展创业教育的国家。其开展创新创业教育开始步入高速发展阶段始于1999年，英国政府制订了科学创业挑战计划（SEC），同年成立了科学创业中心（UK Science Enterprise Centres，UKSEC）。此后，麦西亚创业协会（10所大学联合）于2004年成立了全国大学生创业委员会（The National Council for Graduate En-trepreneurship，NCGE）。

英国树立了其创业教育的指导思想后，相继出台了相关立法，为开展创新创业教育铺平了道路。为确保执行力度，设立了大量资助创新和创业的基金会，如高等教育创新基金、科学创业挑战基金、新创业奖学金等。为保证执行效果，将与此相关的多个国家机关和组织联系到一起，而后在仿照美国创业教育中心的基础上形成了其特色的优异中心，如白玫瑰创业优异中心，不仅提供了教学改革还支持学生更好地学习和商业项目开发。

英国是比较成熟的开展创业教育活动的国家之一，据调查显示，英国近三分之一的年轻人有自主创业的想法，53%的大学生希望将来通过创业成为企业家，有45%的英国大学开设有创业教育课程。

很多英国的大学授课教师有自己的企业。他们让学生参与真实的创业活动，使学生能够获得"近似的创业经验"。在英国，对学生进行实际的创业相关指导是高校除了课程之外重要的提升创业教育水平的做法。高校还联合起来形成了一个专门为全国大学生服务的创业网络,通过提供创业大事列表和创业计划等资源来支持大学生创业。此外,每两个月学生创业协会也会举办一些活动来帮助创业群体共享思想和知识,增强学生对创业的认同感。此外,很多校外力量,如政府、传媒和企业等都非常关心大学生的创业教育,并为此提供多方面的协助。英国首项创新计划则专门拨出巨资协助高校开展创业教育领域的国际交流与合作。可以说,英国正逐步形成一个完整的创业教育社会体系和教学研究体系。

从英国高校的经验来看,创业教育必须借助外界的社会力量,把学校、企业和国家作为创业教育的共同主体。这些不仅可以给学生相关的感性认识,而且还可以给学生提供亲自体验创业的机会。

(四)日本创业人才培养模式

日本的创业教育是从 20 世纪 90 年代才开始的,经过 20 多年的发展,通过大量的实践和研究,日本的创业教育在密切配合的官产学社会支持体系下,一步步形成了比较系统的体系,创造了本土化的创业教育模式。通过吸收欧洲创业教育的精髓并借鉴美国创业教育的模式,日本高校形成了以"创业精神培养"为主线的创业教育理念。这种观念认为创业教育要通过创业实践活动和创业课程,唤起学生的创业意识,要求学生掌握创业技能。

日本的创新创业教育是从创新教育起步的,其"模仿改造型"创新使整个国家有较强的创新意识和创新能力。随着其他发达国家在创业教育中取得了成效,日本也开始认识到创业教育的重要性,采用自上而下的政府主导、高校实施的方式开展创业教育。日本创业教育(也称为企业家教育)虽没有明确提及创新教育,但是为创业教育发展推行系列政策,如1998 年推出的《大学技术转移法》,为大学中科技成果的转移提供法律保障,可看出这也是依托科技和高新知识,即本文概念框架下的创新创业教育。

日本将创新创业教育的定义分为三层:一是头脑教育,包括对创业精神、挑战精神、创业意识、不怕风险的勇气等的培养;二是掌握创业能力的教育,这些能力主要包括想象力、创造力、课题发现力、发散思维、交往能力、逻辑思考能力、表现能力、信息收集能力、问题解决能力、企业策划能力、行动能力、决断力等;三是掌握创业技能的教育,包括经济活动的组织、思考、商业买卖体验、创业必须知识等方面的教育。

日本的创新创业教育是以培养企业家精神和创业能力为重点的,以大学、大学风险企业、创业课程和实习为载体的,其中 ESP 理念是日本创新创业教育的重要理念。ESP 理念(Entrepreneurial Stimulation Project)以大学风险企业创设作为突破口,通过创业教育激励理念的平台,整顿学校环境,构建一个适合创业家培养的三维体系。此理论框架由学生创业教育、大学校园指定空间、提供服务网络、数据资源及信息网络构成,这五个辅助系统不存在时间上的先后顺序,是平行发挥作用的子系统。

总的来说,国外高校创业教育的理论研究起步较早,已经较为成熟,从高校创业教育的目标、方式到高校创业教育的评价标准已形成了一定的研究体系,并成功地将理论研究运用到实质性的创业实践活动中。由于价值观念、社会文化和经济发展等原因,国外高校创业教育的研究更注重创业实践方面。

三、我国创业人才培养模式分析

(一)我国创业教育的发展

我国近代教育家陶行知先生倡导创新教育,他曾指出:处处是创造之地,天天是创造之时,人人是创造之人。现在,我国一些院校已经建有创新中心。

在我国高等院校中的创新创业教育始于1999年1月,教育部公布的《面向21世纪教育振兴行动计划》指出:要加强对教师和学生的创业教育,鼓励他们自主创办高新技术企业。同年,中共中央、国务院下发的《关于深化教育改革全面推进素质教育的决定》指出:高等教育要重视培养大学生的创新能力、实践能力和创业精神,普遍提高大学生的人文素养和科学素养。同年,清华大学举办了创业计划大赛。这一年是创新创业教育源起之年。

2002年,教育部确定9所大学作为创业教育试点院校。随着党的十七大提出"建设创新型国家"和"促进以创业带动就业"的发展战略,创业教育也开始探索走创新和创业相结合之路。2005年8月,共青团中央、全国青联与国际劳工组织合作在华展开KAB高校创业教育项目。2009年4月16日,中国高等教育学会创新创业教育分会成立。2010年,为宣传、研究和推广创新创业教育,由中南大学和创新创业学会联合创办了《创新与创业教育》期刊。

2010年4月8日,教育部联合科技部印发了《高校学生科技创业实习基地认定办法(试行)》的通知。2010年5月4日,教育部发出的《关于大力推进高等学校创新创业教育和大学生自主创业工作的意见》指出,应在高等学校开展创新创业教育,要积极鼓励高校学生自主创业,并从创新创业课程体系建设、创新创业师资队伍建设、创新创业基地建设等内容对省级教育行政机构、部属高校和国家级大学科技园区提出纲领性的创新创业教育建设意见。创新创业教育在注重大学生修好本专业的基础上,通过创新创业教育培养学生的创业意识、创业心理品质、创业能力和创业知识,为社会、经济和个人的发展起到巨大的推动作用。教育部在政策性文件中,将创业教育拓展为"创新创业教育"理念和模式。这一文件的出台标志着创新创业教育由试点走向面向全国的推广。

(二)我国创业教育的主要模式

教育部在2002年4月确定了9所院校作为开展创业教育的试点院校之后,我国大学的创业教育主要采用以下三种模式。

1.将第一课堂与第二课堂结合起来开展创业教育

这种模式以中国人民大学为代表。他们认为,创业教育重在培养学生的创业意识,构建创业所需的知识结构,完善学生的综合素质。他们将第一课堂与第二课堂相结合来开展创业教育。在第一课堂方面,调整教学方案,加大有关创业方面选修课程的比例,拓宽学生自主选择与促进个性发展的空间。他们开设了"企业家精神""风险投资""创业管理"等创业教育系列课程,以鼓励学生创新思维为导向,倡导参与式教学、改革考试方法等。在第二课堂方面,通过开展创业教育讲座、各种创新创业竞赛活动等方式,鼓励学生创造性地投身于各种社会实践活动和社会公益活动中,形成了以专业为依托,以项目和社团为组织形式的"创业教育"实践群体。这也是大多数学校普遍采取的模式,差别就在于形式、广度与深度的不同而已。

2.通过组建职能化、实体化的创业教育教学机构,推进创业教育

这种模式以黑龙江大学、北京航空航天大学为代表。黑龙江大学成立了创业教育领导小组、创业教育学院、创业教育中心、创业教育协调委员会、创业教育专家组、创业教育顾问团,确定了6个校级创业教育试点单位,全面推进创业教育。学校不断深化学分制和选课制改革,开放课程,建立创业教育学分,深入开展读书工程和创新工程,建立学业导师制。在专业教学领域,以综合素质培养为基础,建立创业教育课程群,为学生提供丰富的创业教学资源。在创业实践领域,建立学生创业园区,设立创业种子基金,成立学生创业团队,建立创新实验室,开展创新课题立项与成果评奖,组织各种学术科技竞赛,推进黑龙江大学学生实践企业合作计划。学校还通过创业教育的理论研究和宣传,引导广大学生参与创业教育的学习和实践,全面提升学生的就业竞争力和创业素质,实现学生的灵活就业和自主创业。

北京航空航天大学成立了"创业管理培训学院",专门负责与学生创业有关的事务,开设创业管理课程,建立大学生创业园,设立创业基金,在对学生的创业计划书评估后进行"种子期"的融资和商业化运作。创业管理培训学院并与科技园、孵化器紧密联合,形成整套创业流程,创业者经过孵化后直接进入科技园区进行创业,开拓了一个新型的体制和流程。

3.以创新为核心的综合式创业教育

这种模式是将创新教育作为创业教育的基础,在专业知识的传授过程中注重学生基本素质的培养,同时为学生提供创业(创办公司)所需资金和必要的技术咨询。具有代表性的是上海交通大学、复旦大学和武汉大学。

上海交大以"三个基点"(素质教育、终身教育和创新教育)和三个转变(专才向通才的转变、教学向教育的转变、传授向学习的转变)为指导思想,注重学生整体素质的培养和提高,确定了创新、创业型人才培养体系的基本框架和基本内容。较为突出的是,学校以培养学生的动手能力为目的,投入8000多万元建立了若干个实验中心和创新基地,全天候向全校各专业学生开放。学校实施了"科技英才计划",成立专门的科技创新实践中心对学生的

创业、创新活动进行指导、咨询和评价。学校还设立了学生"科技创新基金",资助学生进行科技创新活动,尽可能地将大学生创业大赛中选拔出来的成果向应用端延伸,使学生的成果走向产业化。

复旦大学认为高校应成为学生创新创业的孵化器。他们以育人为中心,围绕素质教育的要求,针对学生创业的现状和社会对创业人才的需求情况,以"在校生创业精神、实践能力和团体精神的培养—毕业生创业指导—创业团体创业过程扶植"为创业教育的主线,并进行创业项目的资助,具体的做法与上海交大相近。

武汉大学以"三创教育"(创造教育、创新教育、创业教育)的办学理念为指导,把培养具有创造、创新和创业精神和能力的人才作为培养的目标。他们将学生分为三类,因材施教:对于基础扎实、智力超常的学生实施创造教育,培养他们的创造精神和创造能力,鼓励他们探索新知识、新技术,为将来做出突破性的重大成果奠定基础;对于一般学生提出创新教育的要求,重点培养创新精神和创新能力,使他们能够顺应时代的变革,能够根据条件变化对现有事物进行革新;对于那些开拓意识强,具有领导气质的学生实施创业教育,鼓励、引导他们参与社会实践,培养创业精神和创业能力,为其参与市场竞争、开创新事业做必要的准备。他们围绕"创"字积极推行讲授与自学、讨论与交流、指导与研究、理论学习与实践实习、课堂教学与课外活动、创造与创新相结合的多样化人才培养模式和教学方法的改革,着力加强学生自学、课堂讨论、实践实习、科学研究、创业训练等培养环节,突出培养学生的完善人格、复合知识结构、综合素质以及创造、创新与创业的精神和能力。

很多高校虽然没有明确的创业教育课程设置,但在教育、教学实践中正在逐步接受创业教育的观念,这在面临生存危机和发展困惑的高等职业学校中表现得较为鲜明,但其研究和探讨远达不到重点高校的理论层次。

(三)我国高校创业教育存在的主要问题

1.对创业教育的认识不够

随着我国就业制度实现了从原来国家包分配到现在自主择业、双向选择的转变,我们开始注重教育学生树立自主择业、竞争择业、凭实力择业的择业观、就业观,而忽视了对学生自主创业观念的培养。我们开始注重对学生适应职业、适应岗位的教育,忽视了对学生创造职业、创造岗位的引导,在全社会没有形成良好的创业氛围。

(1)高校管理者的认知偏差

一是许多高校管理者认为创业教育只是就业指导的一项内容,对创业教育还停留在技巧、心理、政策、形势分析等方面的指导,对毕业生进行创业意识、创业精神和创业能力的教育还未引起重视,没有形成系统的教育体系,还停留在搞搞创业讲座,举办创业计划比赛等基本的层面上。

二是许多高校管理者很少考虑如何充分发挥学生的主观能动性和创造性的潜能,忽略了学生个性的发展和创造性的培养,忽视了人才素质的全面发展,认为大学生在校期间把专业知识学好就可以了,无须创业教育。这是一种典型的、狭隘的、片面的、静态的、封闭的、传统的就业教育观念。

（2）大学生的认知偏差

一是许多大学生认为创业是找不到工作的无奈之举,他们认为只要拥有大学毕业文凭,将来就会出人头地,从而导致学生在大学生活中,不注意自身综合素质的培养,只看学习成绩,重学历,不重视学习方法和创新意识的培养,只想毕业后能够找到一个安逸、体面、收入高的工作,从未考虑过自主创业。

二是多数学生认为创业教育是对少数创新能力比较强、学习成绩非常优秀的学生开展的教育,而大部分学生是难以涉足的。实际上,这只是高校创业教育的目标之一,其另一个目标就是培养大部分学生的创业意识、创业精神和创业技能,为就业创业打好坚实的基础。

（3）家庭和社会对创业教育认知不够

多数家长对孩子大学毕业后就直接自主创业没有很高的期望值,况且对于相当一部分家庭尤其是农村家庭或城镇低薪家庭来说,供孩子读完大学已属不易,而学生自主创业又需要一笔不小的风险投资,所以他们不鼓励、不支持大学生创业。社会上有些人对在校大学生创业持有一些看法,认为在校大学生创业是不务正业,荒废了学业,给大学生造成一些舆论压力。这些现象,都是对创业教育认识不够全面、不够深入的表现。

随着我国教育体制从精英教育向大众教育的转变,目前大学生已经认识到了就业难的现实问题,转变就业观念已经成为影响学生就业的首要因素,必须改变教育者与受教育者的观念,建立全面的创业教育观。家庭、社会、学校要在多层面培养大学生的创业精神:一要拓展学生的成才思路,学校应把受教育者从学生定位提升到人才定位;二要拓展教育的创新思路,要把培养知识型人才向能力型、综合素质型、创造型人才转变;三要拓展办学的特色思路。特色就是个性化发展,而个性化是创新的前提,也是生存和发展的方向。要从提高劳动者素质、培养应用型和技术型人才直接促进区域经济发展的角度,大力发展新型人才培养模式的高等教育。

2.对创业教育的理论研究不多

（1）高校创业教育理论研究不够深入

教育的发展在不同的历史时期会遇到不同的问题,教育本身与社会的发展总处在一种不断协调的关系之中,针对创业教育这个新问题,教育科学研究部门及高校本身需要不断地加以系统研究、探讨,形成一套完整的理论体系。从1994年到2007年,创业教育理论研究在我国取得了长足的发展。然而,从目前的研究成果来看,不论是数量上还是质量上都还处于初级阶段。由于高校创业教育的理论研究不够,系统理论论述薄弱,加上对创业教育实践总结不够,导致理论研究不能够充分发挥对实践的指导作用。

(2)高校创业教育脱离学科专业教育,缺乏创业教育的系列课程

目前,我国的创业教育,由于没有融合于学校的整体教学体系中,与学科专业教育的开展并未形成有机联系,只是利用课余时间进行创业教育,这种做法的直接后果就是使创业教育脱离学科专业,使学生失去自身专业优势的有利依靠。我们必须清醒地认识到创业教育绝不能脱离知识教育和专业教育而孤立地进行,因为人的创造性是不能像具体技能和技巧那样教授和传授的,它必须通过现代科学知识和人文知识所内含的文化精神的熏陶和教化才能潜移默化地生成。

创业教育不但不排斥知识教育和专业教育,而且必须更深地依赖知识教育和专业教育,关键的问题是如何改革现有的教学内容和教育体制。创业教育在西方国家的大学中已有较长的历史,高校重视培养学生的创业精神,通过开设系列课程,传授创业知识和技能。例如,在美国的某些大学中开有"企业经营计划"等课程,法国的某些大学有"企业创办学"等课程。我国尚未在高校中开设创业教育系列课程,仅有部分高校进行了试点,而试点也主要停留在就业指导层面上,并没有开设系统的创业教育课程,很难全面地提高学生的创业素质,无法在校园内形成创新、创业的浓郁氛围。

3.教育资源不足

中国是一个拥有十几亿人口的大国,生产力发展水平相对落后和人口众多的国情使我国教育资源严重不足,教育资源不足的状况必将对我国创业教育的开展产生巨大影响。

(1)教育人力资源不足

教育作为一种培养人的活动,既体现在生产者上,又体现在生产的"产品"上。从广义上讲,凡是与教育有关的人员都属于教育的人力资源。从狭义上讲,教育人力资源主要指从事教育工作和为教育服务的人员。狭义的教育人力资源是指教师而言。我国高中阶段和大学阶段的教师总量存在着严重不足。按照"十五"计划中高中阶段教育要达到60%的毛入学率的目标,即使按照生师比18∶1测算,2005年教师队伍的缺口仍将达到116万人,普通高校生师比按照15∶1计算,教师队伍的缺口也将达11万人,高中与普通高校缺口总计达120多万人。我国目前部分中、高等学校的普通文化课教师尚且缺乏,更不用说在创业教育师资数量和质量上的保证了。

(2)缺乏具有创新、创业意识的教师队伍。现在大部分教师还是采取"传习式"的教学方法来培养单学科"知识型"人才。很多老师的观念仍然保守,认为学生只要学习好,能够顺利毕业就是好学生,并不提倡学生从事自主创业。究其原因,一方面,这是老师缺乏创业意识、创业精神、创业知识和创业能力的表现;另一方面,这也是老师害怕承担责任的表现。所以要想进行高校创业教育就必须要改变教师队伍现状,要从目前的"知识型""传授型"向"创新型""全面型"的人才转化。学校要制定激励机制,充分调动教师的创新积极性,营造

有利于教师开展创新教育教学活动的氛围,要组织教师深入研究激发学生创新意识、创新能力的方法及途径,大力培养一支具有创新创业意识的教师队伍,积极创造各种条件,逐步增强教师的创业意识,努力培养一支符合本校创业教育实际、能够勇于探索创业教育的教师队伍。

(3)缺乏具有创业经历的、专业化的教师队伍。创业教育成功与否与教师的水平息息相关。从事创业教育的教师除有较高的理论水平外,更应具备丰富的创业实践经验。此前在高校中从事创业教育的教师大多缺乏实践经验,没有自身创业经历,还停留在纸上谈兵的阶段。承担创新创业教育任务的教师与其他课程的教师最大的不同就在于,他不仅要教给学生创业必备的知识,更重要的是能通过互动式的教学,从思想上深入激发学生创新创业的欲望,从而调动他们的潜能,去从事创新创业活动。目前高校开展创业教育教学和培训的教师一般来说有两类:一类是原先从事企业管理学科教学的教师;另一类是学生就业工作指导老师。他们共同的弱点就是其自身缺乏创业经历,在为学生进行创业教育培养时,知识的讲授多于实践经验。为此,高校应采取有力措施解决创业教育中专业化教师匮乏的问题。

4.教育财力资源不足

教育财力资源即人们通常所说的教育经费。我国教育财力资源的不足体现在国家教育总体投入占 GDP 比例上的不足。据教育部《关于 2003 年全国教育经费执行情况》统计,2003 年全国国内生产总值为 117252 亿元,国家财政性教育经费占 GDP 的 3.28%,比 2002 年的3.32%减少了 0.04 个百分点,低于美国 1997 年 2.2 个百分点。由于中国 GDP 的总量与美国差距悬殊,人口又是美国的近 5 倍,所以人均教育经费的差距就更为明显。

我国政府教育经费投入不足,不仅低于发达国家,甚至低于一些新兴工业化国家和同等水平的发展中国家,财力资源不足的状况直接影响我国教育的整体发展进程。虽然创业教育实施所需的财力部分来源于社会上的资金捐助,并非像义务教育一样全部由国家承担,但是国家也必须承担少部分创业教育费用。在我国目前生产力发展水平不高,现有教育投入水平较低的情况下,国家对创业教育实施的财力支持是十分有限的。

5.教育物力资源不足

教育物力资源就是通常所讲的"硬件"条件。在我国,由于教育内部各种支持系统的能力不足,特别是受教育投入等因素制约,所以我国还普遍存在办学条件差、教学基础设施落后、教育技术现代化程度较低等问题。物力资源是有效开展创业教育活动的前提条件之一,我国教育物力资源的不足必将对教学方式方法的选择产生巨大的负面作用,从而使教学的灵活性、生动性受到影响。

(四)创业教育的文化氛围不够浓厚

1.缺乏良好的校园创业文化

高校所处的文化环境主要包括校园文化和社会文化两种类型。其中校园文化既体现为一种观念也体现在学校的制度和物质环境中,它对创业素质的提升具有整体引导、塑造和培养的功能,具有耳濡目染、点滴渗透的效果。把创业教育寓于校园文化建设之中,对学生的思想行为可以产生持久而深入的影响,并能有效地诱发受教育者的某些创业意识和心理品质。实践证明,文化背景对于创业会产生深远影响。然而,目前我国多数高校尚未形成一个完善的、健全的、浓郁的创业文化氛围,学校内部的文化氛围、培养目标、激励导向、评价体系都未能向创业素质培养倾斜。在学校里无法感受到一种积极向上、不畏困难、勇于探索的创新创业气氛,有的只是一种归于平庸、虚度年华的窘态或是一种一心只读圣贤书的书呆子形象。大学生本应是具有朝气、富有激情的创业中坚,如果置身于这样一种封闭的、静态的、循规蹈矩式的"弱势文化"氛围中,必将掩埋掉大学生的创业激情和斗志。

2.缺乏良好的社会创业环境

系统完善的创业教育文化环境,除了良好的校园文化环境外,社会文化环境也在很大程度上影响了大学生接受创业教育的主动性和积极性。因此,创业教育不仅是单纯的学校行为,而且还是政府、社会和学校的共同行为,它的实施是一项系统工程。就目前而言,社会传统文化给大学毕业生在创业的人际环境上带来了负累,社会对创业的态度也未形成支持、鼓励的氛围,这些外部环境因素对特别需要协作精神、创新精神和进取精神的大学毕业生存在较大负面影响。同时,对于政府层面,由于大学生并非我国现有创业大军的主体,因此工商、税务方面对高校毕业生创办公司虽有一些优惠政策,但从企业制度、人事制度、投资融资制度上也未见出台对大学生创业具有很大帮助的特殊政策,目前还没有形成一整套支持大学生创业的政策和法规。当前许多高校对开展创业教育还停留在口头层面,还只是一种口号,对创业教育的重视程度严重不足。对创业教育重视程度不足,直接反映在无法理解创业教育的真正内涵和重要意义,没有形成完备的创业教育课程体系,创业教育仍处在"竞赛"的初级阶段,创业教育还停留于毕业生就业指导层面,同时图书馆关于创业教育方面的书籍也是少之又少等等。所有这些问题直接导致创业教育无法真正有效地落实,无法发挥其应有的作用。

因此,面对经济社会发展的新形势、新要求,必须重视引导和推动高等学校办学指导思想根本性转变。创业教育作为一种新的教育理念和模式,不但体现了素质教育的内涵,而且突出了教育创新和对学生实际能力的培养。高等学校要树立新的人才观,明确高等学校是人才培养基地。要以满足社会需求作为发展动力,通过人才培养,促进毕业生创业和提高创业水平,增强学校竞争力和综合实力。

四、我国创业人才培养规划的制定

创业教育体系作为高校教育体系的重要组成部分,发挥着特有的教育功能和社会功能。为此,高校大学生创业实践教育体系构建的总体思路应站在人才培养的全局高度,以人的全面自由发展的理论为指导,遵循大学生群体与个体成长发展阶段特征和职业发展需求的客观规律,以高校与社会双向互动、互惠互利的产学研一体化建设为驱动,从培养大学生的创新精神、实践能力等就业创业综合素质与能力,以及社会责任意识等品质出发,面向不同层面的学生,与专业教育有机结合,构建一套体现教育导向性、阶段性、层次性的全面创业教育体系。

(一)高校创业人才培养规划的原则

2010年和2012年教育部相继下发的《关于大力推进高等学校创新创业教育和大学生自主创业工作的意见》和《普通本科学校创业教育教学基本要求(试行)》两个文件都提出,创业教育要面向全体学生,结合专业教育,融入人才培养全过程。这些纲领性文件明确了全面创业教育的政策导向和价值定位。

1.创业人才培养的规划要符合社会需要的原则

创业目标不仅在于生存的需要,更在于发展的需要。大学生就业创业发展取向、创业教育的提出就是以人的全面发展思想作为理论基石,将人的全面发展要求贯穿在大学生成长成才与职业发展的每一阶段和每一层次的实践教育过程中,通过走出课堂与校园文化活动相结合,与社会实践活动相结合,让大学生参与就业创业活动与实践,与社会、企业行业等对接与互动,培养大学生的就业创业综合素质与能力,提升其职业发展的核心竞争力,促进大学生全面而自由的发展。

2.创业人才培养的规划要符合个人特征需要的原则

创业需求指向的实践教育主要从大学生群体或个体需求和市场对大学生的要求这一"双重需求"出发,通过开展适合大学生阶段性特征、符合大学生群体、个体特征与职业发展需求,并与专业教育相结合的校园文化活动、校内外社会实践活动、专业实习见习等实践教育形式,引导大学生自觉将个人发展方向和社会需求紧密结合,不断完善和提升自身的职业素质与综合能力,满足他们的职业发展需求,并适应经济社会发展的要求。

3.创业人才培养的规划要符合职业需要的原则

高校在实施就业创业实践教育过程中要发挥价值取向的教育引导作用。这要求高校转变观念,从广义的创业内涵出发,引导学生将创业作为一种人生态度和生活方式,作为自己的未来职业选择,变"向他人要岗位"为"创造岗位或在岗位上创造性工作",为国家和社会的建设与发展贡献更大的力量。通过就业创业价值导向的实践教育,大学生对传统意义上出国、升学与求职的就业内涵的理解,转变成现代意义上就业与创业两种类型的新的就业内涵的认识,以此赋予大学生就业创业实践教育具有时代意义的价值定位,提升其内涵深意。

4.创业人才培养的规划要符合效率原则

目前,国内的创业教育存在投入成本高、耗时长、学生学习兴趣差、教师教学难、人才培养成效不明显的问题。笔者认为,在创业人才培养规划的制定中,创业教育的目标要明确,教学内容要丰富,教育模式要符合创业教育的规律,教学方式要更多地加强实验实训和时间等教学环节。只有这样,才能提高创业教学的效率,降低学生的投入时间成本和学校的投资成本,培养出一大批具有经营能力的高质量的创业者和企业家。

(二)高校创业人才培养规划的策略

创业人才培养规划的管理就是要根据大学生的专业特色、群体特征、年级阶段和个体特征构建出具有教育导向性的分阶段、分层次就业创业教育实践体系,旨在将大学生的群体发展、心理发展、专业发展、职业发展等贯穿到就业创业实践教育的全过程中。通过师生互动,理论与实践并重,课内与课外结合,校内与校外关联,在合力中拓展和延伸大学生就业创业实践教育的内容、载体和方式,使大学生的内在潜能得到充分发挥,实现对大学生就业创业素质与能力的过程化、系统化和科学化培养,最终确保就业创业实践教育环节在高等教育中全方位覆盖,为培养出综合素质高、业务精、能力强的全面发展的创新创业型人才奠定基础。

1.因"势"施教

要结合时代特征,面向不同年级学生开展形式多样的就业创业实践教育活动,进一步普及就业创业知识,激发学生就业创业潜质,增强就业创业意识,树立就业创业精神,帮助学生认清自我、认清就业创业形势。为此,可侧重通过丰富多彩的活动载体、校内外各类形式多样的就业创业组织载体开展实践教育活动。具体地说,面向全体学生开展形势与政策讲座论坛等校园文化活动和社会实践活动,以校内外创业协会、社团组织等为依托开展就业创业实践活动,借助校内外就业创业见习基地、大学生创新创业中心等平台项目进行实习见习,注重网络、广播等校园文化软硬环境项目支持,营造就业创业实践的良好氛围。将国内外最新的就业创业状况、时势、政策,最前沿的就业创业理论等内容传授给学生,培养学生树立正确的就业创业价值导向,帮助他们认清专业、行业、企业等发展现状,认清就业创业形势,开阔视野,掌握最新的前沿信息。

2.因"群"施教

针对新时期大学生群体分化明显的实际情况,分析不同群体的特征,确立不同的就业创业实践教育目标。选择更能体现不同群体特点的实践教育载体与形式,开展有针对性的就业创业实践教育。为此,这一层次可侧重通过校内外各类就业创业组织载体、形式多样的项目载体、学科竞赛载体等开展实践教育活动。对有创业激情、创业潜质或具备创业基本条件的大学生群体进行有针对性的指导和培养,并以点带面,带动和辐射更多学生参与就业创业活动,提高他们就业创业的主动性和自觉性。

3.因"业"施教

高校的就业创业实践教育要强调以专业为基点,通过就业创业实践进一步夯实专业基础,发挥专业优势,构建具有专业特色的就业创业实践教育模式。为此,这一层次要以不同专业人才的培养要求为依据,依托学科专业教育实践,侧重通过形式多样的项目载体、学科竞赛载体以及校内外就业创业组织载体开展实践教育活动。通过这些举措的实施对学生创新精神、专业实践能力以及综合素质与能力进行全面锻炼与培养。

4.因"材"施教

基于大学生就业创业实践教育,要考虑到个别差异及个体需求。要选取实践形式更加灵活、开放的载体形式,让不同学生个体从中选择自己感兴趣的实践教育方式,最大限度地发挥才能,满足需求,实现本模块的教育价值功能。所以,在这一层次可侧重通过丰富多彩的活动载体、形式多样的项目载体以及校内外就业创业组织载体开展实践教育活动。具体地说,针对学生个体的需求和兴趣可开展精英访谈、典型案例分析、座谈交流等个性化的就业创业实践以及专业企业行业市场调研、挂职锻炼等社会实践活动。将不同个体的共同职业发展需求归类对其开展创业项目实践,提供实习见习机会。以校内外创业协会、社团组织等为依托开展符合学生个体兴趣的就业创业实践活动。针对学生个体的发展需求与特长优势为他们提供一对一、一对多、群对群的个性化分类教育和指导。

(三)高校创业人才培养模式的规划

全面创业教育的核心指导理念是以全体学生作为教育对象,认为创业精神对任何个体都具有重大意义,任何对创业感兴趣的学生都应该有机会接受创业教育。创业教育不能脱离专业教育的根基,应将创业教育全面"嵌入"专业教育,实施深层次创业教育。教育的目的重在培养学生的创业观念、企业家精神以及创业思维和创业能力,而不仅仅是传授创业知识和技巧。根据我国高校大学的教育特点,创业人才培养模式可分为五个模块。

1.第一阶段:侧重适应性和规划性的就业创业教育模块

多数学生在大一第一学期,对大学的学习生活充满着好奇,对大学生活存在诸多方面的不适应,对自己所学专业的职业前景和要求了解很少,对自己的特质、兴趣爱好不能科学、客观地评价,没有明确的职业倾向,缺少奋斗目标。为此,这一阶段的重点是帮助新生尽快熟悉和适应大学的学习与生活,帮助学生认识大学生活的意义、特点,认识专业的特点以及适合的职业,鼓励他们根据自己的特长和爱好制订大学四年的奋斗目标,尝试进行职业生涯设计,在帮助其了解本专业情况的基础上,使其初步了解自我认知方法。因此,这一阶段面向全体学生可侧重通过丰富多彩的活动载体、综合竞赛载体以及校内外各类就业创业组织载体开展实践教育活动。具体地说,可开展就业创业讲座论坛、模拟观摩、创业沙龙等校园文化活动,组织参观考察、勤工俭学等社会实践活动,以校内外各类创业协会、KAB 创业俱乐部、社团组织等为依托开展就业创业实践活动,开展职业生涯规划大赛等综合竞赛活动,并辅之以各类个性、兴趣、心理等职业测评与辅导。

2.第二阶段:侧重就业创业典范与朋辈引导的教育模块

就业创业实践教育需要教师的科学指导,也需要典范与朋辈间的积极影响与带动。超前于其他人的个体发展具有榜样示范、典型引路的教育意义和作用。学者郭霖建议高校邀请成功创业人士到学校授课和交流,激发学生的创业激情。美国、德国、瑞士等国家,在进行创业教育的时候,会提供大量创业案例启发学生,帮助学生分析研究市场,指导学生设计创业方案,开展创业方案评估活动,把学生培养成为创业人才。为此,在这一阶段,大学生就业创业实践教育面向全体学生仍可侧重采用第一阶段的活动载体、组织载体以及综合竞赛载体等实践教育形式,但重点可转向开展精英访谈论坛、典型案例分析、座谈交流、职业生涯规划大赛等个性化的就业创业实践活动方面,帮助学生更深入地了解自我,进一步强化他们对未来职业发展取向的认识和理解。

3.第三阶段:侧重专业实践与科研实训方面的教育模块

大二学生开始从事和专业密切相关的实践活动,不断拓宽专业视野。他们开始关注就业形势,思考职业选择和职业规划问题,但普遍存在感觉和认知之间的矛盾,因而会对职业前途感到迷茫。因此,这一阶段面向全体学生可侧重通过综合竞赛与学科竞赛载体、活动载体以及形式多样的项目载体开展就业创业实践教育活动。具体地说,可开展创业计划大赛等综合竞赛以及与专业教育紧密结合的学科竞赛活动,开展创业讲座论坛、个性化咨询辅导等校园文化活动,组织专业企业行业市场调研、志愿服务等社会实践活动,依托校内外实习见习基地、KAB、SYB 等就业创业培训与科研项目,校内外软硬环境建设等项目载体开展一系列就业创业实践活动。强化学生对专业学习和就业创业实践的感悟和体验,帮助学生完成自我认知,积累就业创业经验,增强学生学习与实践等能力,引导学生结合自身专业学习完善未来的职业目标。

4.第四阶段:侧重就业创业分流与成长反思的教育模块

该阶段多数学生在对专业学习有较深入认识和理解的基础上,进入实习和实践阶段,开始思考未来的职业发展问题,并犹豫不决。为此,这一阶段面向创业型学生和就业型学生两类群体,可侧重通过形式多样的项目载体、综合竞赛与学科竞赛载体以及丰富多彩的活动载体开展实践教育活动。具体地说,可通过组建创业先锋班对有创业志向的学生开展创业专项培训项目,开展形势与政策讲座论坛、个性化咨询辅导等校园文化活动以及专业企业行业市场调研、创业项目选择和挂职锻炼等社会实践活动,开展创新创业计划大赛等综合竞赛以及与专业教育紧密结合的学科竞赛活动。让学生直观认知社会、专业行业企业的现实情况,初步了解当前的就业创业形势,直接参与企业行业的运行和管理,不断提高发现、分析、解决问题的能力,将实践中遇到的问题重新带回理论学习中进行反思,快速成长,端正就业创业思想和择业心态,结合自身实际进行理性思考后缩小职业选择范围,为就业和创业提供不同层面的帮助与指导。

5.第五阶段:侧重就业创业定向与职业理想的教育模块

该阶段大学生已进入毕业学年,他们关心自己的未来职业去向,就业易受挫折,考研压力大,创业信心不足,对社会认识不够,渴望得到更加全面的历练,并得到就业创业制度政策与求职技巧等方面的指导。为此,这一阶段面向全体学生可侧重通过形式多样的项目载体、丰富多彩的活动载体以及综合与学科竞赛载体开展实践教育活动。具体地说,面向学生或社团等不同学生组织群体开展创业项目开发、培养与孵化,借助校内外就业创业基地等平台项目进行社会实践,开展形势与政策讲座论坛、个性化咨询辅导等校园文化活动以及志愿服务等社会实践活动,开展创新创业计划大赛等综合竞赛以及与专业教育紧密结合的学科竞赛活动。让学生获得有针对性和实效性的就业创业指导,培养学生正确的就业创业观和坚定的职业理想信念;进一步帮助他们提升岗前技能和综合素质,为其提供实战演练的平台和机会。同时,培养学生具备较强的心理素质,初步由学生角色向职业角色转换。

第三节　构建人才培养课程

一、创业课程体系分析

创业人才培养的课程内容体系建设是创业人才培养规划的核心,是实施创业人才培养的执行方案。它关系到创业人才培养的最终成效。一个好的实施方案不仅有利于培养工作胜任力强的创业人才,而且有利于提高培训效率,节省培训资源。

(一)创业课程在专业教育中的定位

1.创业教育与专业教育的关系

高校专业教育是人才培养的主渠道,是人才培养质量提升的主要阵地,其发展面临着知识经济和信息社会的众多新挑战。在知识经济时代,经济发展方式越来越依赖知识的创新、传播与利用,创新成为人们认识自然、改造世界的最重要的活动。信息社会背景下,信息技术广泛应用,知识、技术在企业生产中的密集程度越来越高,知识更新加快,尤其是新技术革命的快速到来,引起产业结构的调整和青年的大量失业。

创业教育是专业教育的有机构成,是专业教育在知识经济时代创新性、前瞻性的集中体现,是高等学校深化专业教育教学改革的必然选择。创业教育不是游离于专业教育之外的技能训练活动,而是融于专业教育的人才培养方案,包括理论教学与实践教学全过程之中的教育理念。创业教育以学生创新精神、创业意识与创业能力培养为核心,必将促进专业教育及时反映本学科专业领域的前沿知识,及时反映本学科专业与相关交叉学科专业的前沿信息，及时反映本学科专业相关行业、产业发展的前沿成果。"宽口径、厚基础、强实践、重创新"的专业教育，是创业教育理论与实践的基础，即专业教育的基础知识与基本理论，是学生创新精神、创业意识与创业能力生成的深层根基。相反，脱离了专业教育的创新创业教育只能停留在某种技能与操作层面，使创新创业教育成为无源之水、无本之木。强调创新创业教育与专业教育的充分融合，把创新创业作为重要元素融入专业教育，这充分表明创新创业教育在推进专业教育中的战略性作用。

因此，确立起创新创业教育不能脱离专业教育而孤立进行的理念，其现实意义是走出创新创业教育脱离专业教育的误区，使大学生创新精神、创业意识与创业能力的获得根植于专业教育之中。

2.创业教育课程与专业课程的关系

创新创业教育课程应与专业课程相融合。创业教育与专业教育的课程内容虽各有侧重，但不矛盾，它们呈现出相互补充但相互不可取代的关系。学习创业教育课程为专业课程学习和专业知识的运用奠定一定基础，一方面，从创新创业教育课程中获得的开创意识、技能和精神，被自觉运用于专业学习中，学生能运用开拓性的思维，批判地继承专业知识，能更好地领悟和吸收专业知识。另一方面，创新创业教育课程涉及的知识面广，弥补了专业课程涉及面窄的缺陷，而专业课程所学的知识是学生知识结构的重要组成部分，无论学生是走上创业还是就业的道路，他们都需要某一专业、职业的有关知识。如果没有一定的知识储备，只具有开创精神，那也到达不了成功的彼岸。

创业教育课程与专业教育课程相结合。这是实施创业教育的一个重点和难点。首先教材存在过时的现象，使这两类课程的融合较为困难，其次对师资的要求较高。教师在授课内容、授课方法以及授课手段等方面需要较大的创新性、开拓性和灵活性。因此，要尽可能地在专业教学中渗透创业教育的理念和思想，启发大学生把所学的专业知识与创业相结合。如北得克萨斯州大学音乐学院在将创业教育课程与专业课程进行融合的实践中，尝试开设了"音乐创业与营销""音乐创业导引"课，主要讲授音乐类企业的创新、管理、营销等内容。

3.创业教育与职业发展教育的关系

促进职业发展教育与专业教育相统一是大学教学的重要课题。职业发展教育的发展似乎面临着一种尴尬的困境：一方面，基于职业发展教育重要性的观念不断受到肯定；但是另一方面，在实践过程中，高校往往忽视职业发展教育的发展，不知应该如何更好地实施职业发展教育。

在人类文明不断进步和全球化不断深入的背景下，职业发展教育的重要性不言而喻，职业发展教育的内容需要进一步更新。创业教育应成为职业发展教育的一部分，创业教育培养学生的创新精神和创业能力，是大学生适应并在瞬息万变的 21 世纪取得成功的基本素质。

创业教育课程与职业发展教育相结合是根据中国对高校课程设置的要求,大学第一学期应该开设职业生涯规划与专业入门课程或专门导论课程。在这类课程中融入创业教育,有利于学生及早地认清本专业特点,明白将来就业与创业应该具备哪些条件,通过几年的学习应具备哪些素质,使学生能尽早地为将来的就业、创业做好准备和规划。

4.创业教育课程与其他教育课程之间的关系

创业教育课程因为自身的内容和性质的不同,表现出与其他教育课程既依赖又独立的关系。

首先,创业教育课程依赖于其他教育课程。创业教育广泛涉及政治学、经济学、管理学、法学等方面,要学好创业教育课程,需要多方面的知识储备。在大学公共基础课程体系中设有语言文化、政治经济、计算机应用、历史、艺术、自我修养等各类课程,这些课程所涉及的内容是创业课程的基础,学习创业相关的知识、技能有赖于这些公共基础课程提供的知识。所以创业课程有赖于其他公共基础课程。

其次,其他教育课程也依赖于创新创业教育课程。通过创业教育,学生可以将法律、经济、政治、文化等知识相互交织,变成综合的知识,并有意寻找社会商机。通过创新创业活动,学生可以更好地将理想和理论——"纯知识"转化为实践。

最后,创业教育课程又是独立的。政治学、经济学等这些学科固然涉及创业方面的许多知识内容,但它们本身不构成创新创业教育,这些课程不能代替创业教育课程。创业教育和它们的最大区别就在于,它们往往只是单纯地分析政治、经济、文化的现象和原因,解决现实社会中遇到的一些问题,处于被动的地位。而创业教育则立足于它们的基础之上,学生通过跨学科策略的培养,激励其创业意识,培养其开创性的个性,从而更有效地识别社会、经济中的一些问题或时机,并能够使自己的行为适应这个时机,得到成功。

5.创业理论课程与创业实践课程相结合

创业教育课程的设置应该既注重培养学生的创业意识、丰富所需的知识结构和创业心理品质,又重视培养学生的创业技能和能力,因此,应该把创业教育的理论课程和实践课程结合起来。创业理论课程可以设置为选修课、必修课或讲座、报告等微型课程。创业实践课程可以为创业计划大赛、创业模拟大赛、创业基地实习等形式。这两种课程结合起来有利于学生丰富创业知识、积累创业经验。

(二)创业课程设置的指导思想

创业教育希望受教育者得到怎样的变化,这是高校开展创业教育必须明确的首要问题,也是创业教育课程设置的重要依据。高校创业教育的目标要根据社会发展需要,站在学科专业培养目标的高度和学生身心发展需要的角度来制订,主要有:以提升学生的社会责任感、创新精神、创业意识和创业能力为核心,培养受教育者的创业基本素质和开创型个性,使受教育者具有基本的创新创业意识、创业心理品质、创业能力,形成主动性、研究性学习的意识和习惯,具备独立生活、工作的能力和较强的社会适应能力。可见,创业教育的出发点有两方面:一方面是培养大学生的创新意识和创业精神,使他们有眼光、有胆识、有组织能力、有社会责任感,在毕业时为创业做好充分的心理准备和知识准备;另一方面是要以专业教育为基础,从学生的专业知识结构出发,结合创新创业活动,提高学生的专业技能水平和创新创业能力。

1.创业课程设置的理念

(1)主体性。人类潜在的创新特质隐含在人的主体性之中。创业教育课程设计的首要目标是要把大学生培养成一个社会实践活动的能动的主体。创业教育课程设计应尊重占主导地位的学生的学习,尽可能地发挥其积极性,帮助学生学习知识,培养学生积极思考的能力,并学会解决实际问题,使学生了解和掌握创业的规则和特点,并最终具有创业的基本素质(黄文光,2008)。

(2)高层次。创业教育,其本质就是素质教育,是大学生素质教育的新内容,是推进素质教育的核心与关键。创业教育课程的设置,要发掘学生的创造力和创新力,培养学生的专业能力和实践能力,培养学生独立、开拓的意识等。因此,创业教育课程设置应当体现高层次性。

(3)以人为本。创业教育课程以人的发展为基础,提升学生各项综合素质,在尊重学生身心发展规律的前提下,培育学生积极进取的人生态度、创新创造的思维品质,从而完善其健全的人格。

(4)超越性。创业教育是对未来理想状态的追求,是一种"明天教育价值观"的价值取向。借助于课程,教育出超越前人的新一代。学生应在人类文明成果的基础上继承历史的批评精神,与时俱进,发挥创造能力,积极发展和丰富人类社会文明。更重要的是新一代人要具有伟大的创造潜力,超越历史和现实。

2.创业课程设置原则

创业教育课程设置主要要体现信息化原则、综合化原则、活动化原则和多样化原则等。

(1)信息化原则。大学的创业教育是在信息社会大环境里展开的,因此,衡量创业型人才的一项重要指标就是看其对信息的搜集、掌握、转换、应用及控制的能力。这就要求学校的创业教育课程内容必须与创业社会的需要相结合,培养学生搜集、整合和运用信息的能力,并能够真正把所掌握的知识用来解决在实际创业过程中所遇到的困难。

(2)综合化原则。从课程内容选择上来说,创业教育不是简单地学习某一学科知识,而是学习由多门学科知识组成的打破学科界限的综合性课程,来培养人的创业意识、创业思维、创业技能等各种创业综合素质。从课程内容的组织上来说,创业教育的课堂教学、实践活动与创业知识、创业能力、创业意识是相互融合、相互联系的,而不是简单对应的(张文升,

2001)。

（3）活动化原则。创业教育不仅是传授关于创业的知识与能力,更重要的是指导学生运用所学知识更好地解决创业活动中遇到的问题和困难。因此,创业教育课程设置的活动化使学生尽可能地参与到创业实践活动中,使学生的学习能力、操作能力、交往能力以及创造能力等得到综合的培养,最大限度地发挥和体现出大学生的创业能力。

（4）多样化原则。创业教育课程设置的综合化、活动化必然要求同时具有多样化,这主要体现在课程门类的设置上。学科课程可采用必修、选修课程这种独立设置的方式(如创业学基础、创造力开发课程等),也可以采用学科渗透的课程设置方式(如英语课的创业意识与能力教学等),还可以采用专题讲座、论坛、报告式的微型课程。校内活动课程的设置,包括研究性的学习活动、创业计划大赛以及社会实践活动等各类创业教育的专题活动,也可以采用与传统活动相结合的方式,比如学生创业协会举办的活动等。创业实践课程则可以根据各大学教育教学的不同目标和要求结合本校教学条件选择不同的类型和项目,如校办企业或科技园区基地的大学,可安排大学生进行创业实践活动。

二、创业课程设置的方式和要素分析

（一）创业课程设置方式

1.KAB 课程方式

早在 1997 年,清华大学经管学院在国内的 MBA 培养计划里就设立了创新与创业专业方向,并开设了研究生创业类课程,如"创业管理";2003 年,清华科技园与清华经管学院共同开设了创业课程"科技创业理论与实务",该课程面向全体在校的大学生;2005 年,经管学院与微软中国研究院合作共开了"技术创业——未来企业家之路"的选修课;2006 年景观学院又开设了"创业机会识别和商业计划"选修课;2007 年开设了"创业领导力"选修课;从2006 级本科生开始实施文化素质教育课程计划,包括普通和核心课程(彭秀卿,2008)。清华大学依托近年来较早开始在创业教育领域进行的探索和实践,依据社会企业的实际经验,积极引导校企合作,开发自主课程。目前,清华大学所开设的创新与创业课程主要有:创业管理、技术创新与制度创新、创业投资管理、技术创新管理、新产品开发、知识产权管理、企业家与创新等,还有一些新的课程正在开发之中。

除此之外,清华大学还引进了 KAB 项目,是六大试点高校之一,并以选修课的形式开展该项目。KAB 课程体系也是清华大学作为创业教育试点高校在课程设置方面的一大尝试。KAB(Know About Business),最早是由团中央、全国青联、国际劳工组织合作开展的创业教育项目。此项目借鉴国际劳工组织开发的创业教育教材及培训体系,主要是以在校大学生为实施对象,采用参与互动的教学方式来使学生掌握有关企业和创业的基本知识,帮助学生掌握这些知识及实践技能。

从课程体系上来看,KAB课程体系与传统的课程相比,呈现出课程结构模块化、课程内容综合化以及课程组织活动化等鲜明的特征,具有创新性。KAB课程的这三个主要特征构成了较为完整的并且具有创新性的创业教育课程体系。

从课程类型上来看,KAB课程的类型包括了学科课程、活动课程和实践课程。学科课程也叫分科课程,是依据知识的门类分科而设置的,它是把人类活动经验加以抽象、概括、分类整理的结果。活动课程亦称为经验课程,是相对于学科课程而言的,是以从事某种活动的兴趣和动机为中心而组织的课程。学科课程侧重于传授创业主体在创业时所需的基本知识,活动课程侧重于培养创业主体的创业意识和技能,而实践课程则为创业主体提供创业的模拟和实战演练。这三种不同类型的课程彼此联系彼此融合,各有侧重互为补充,共同实现创业教育教学目标,即启发创业意识、体验创业过程、提升创业技能。

KAB课程结构设计具有很大的灵活性,根据授课课时、授课对象的差异,真正做到因材施教、因时施教。其课程操作方式非常注重教学活动的设计,尽可能让学生在教学活动的参与中感悟创业真谛,对于学生来说,体验式的学习方法也是该项目课程的一大特点,体验式学习方式就是先让学生去体验,体验之后再进行讨论,而不是先学习若干枯燥的理论知识。这种参与式、体验式的教育方法,摆脱了传统教学的枯燥,克服了知识的难以理解,使学生在课程当中身临创业的环境,这不仅提高了学生的学习能力,也培养了学生的创新能力,激发了他们的学习潜能。KAB课程对于授课教师的授课过程及教师自身的培训有一套严格的操作标准(图3-2和图3-3),架构了两套质量控制体系,规范了项目课程的实施、监督以及评估工作。图3-2是对于教师开授课程前、课程进行中以及课程结束后所使用的质量控制工具量表,图3-3是对于授课师资培训时以及培训结束后的评估工具量表。从课程的结构、内容、方法、手段、技巧等维度进行评估。

图3-2 高校授课质量控制工具包图

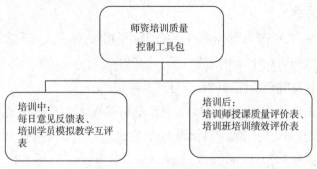

图 3-3　师资培训质量控制工具包图

(二)模块化课程方式

北航创业教育课程的设置模式是以北航发展创业教育的模式为基础的。阶段式发展模式决定了模块化课程设置。模块化课程是指一个单位内的课程内容,有自己的起点和终点,其中可以增加一些模块,以便完成更大的任务或是为了取得更为长期的目标。国际劳工组织给模块课程下了一个定义:在某一职业领域或工作范围内,把一项工作划分成若干部分,这种划分依据实际工作的程序和规范,要有清晰的开头和结尾,这样,划分的每一个部分则为一个模块。创业教育的实践性又决定了开展实践性课程的必要性,因而北航的课程设置模式是模块化课程与创业实践相结合。

表 3-19 中所列出的课程模块都是将传统的知识结构重新加以整合、转换,打破学科的限制,成为新的课程教学模式。这些课程将使学生通过把学到的知识运用到真实的创业场景中,从而获得真实的创业经验和体验,同时在课堂内外搭建平台,使学生有机会同创业家、创业服务中介进行广泛接触和交流。

从教学策略来说,模块化课程的实施不仅是传统课堂讲授,还融合了讲座、案例教学、小组讨论、阅读和实践作业等,其中教学内容中案例教学所占比重不低于五分之二。

从课程类型来说,模块化课程结合了学科课程和活动课程。学科课程有助于使学生获得扎实系统的基础知识,掌握现有的认识成果,打好文化知识基础。活动课程一定程度上能弥补学科课程带来的知识孤立性,利于学生把握知识的整体联系。

从课程内容来说,表中所罗列的模块化课程内容涵盖了从创业机会识别到财务、管理、经济、政策、思维及企业的持续性发展等各个环节的内容,以帮助学生获得成功创业的基本技能、知识和理念。

从师资建设来说,一方面,聘请知名企业家为"创业导师",让创业实践一线的成功者为学生提供现实经验;另一方面,从 2003 年开始开展创业教育骨干教师培训班,培养了一批批创业教育工作者和施教者。

从支持条件来说,北航成立了专项开展创业教育的组织机构,在多部门、多单位联合下保障课程的实施。北航创管学院、北航孵化器和科技园是一脉相承的,为创业教育人力、物资、师资提供保障。

表 3-19　创业培训模块化课程

模块名称	主要内容
创业机会	新经济中的企业家、家庭企业、特许经营、新建与收购企业
创业企业战略管理	认识创业战略、创业企业发展战略分析、创业企业战略确定、如何确保创业企业战略的实施
创业企业人力资源管理	招聘工作人员、选聘、录用与培训、报酬与奖励、创业文化与有效沟通
创业企业市场营销	市场定位、目标市场确定和市场细分,创业定价决策,新创企业销售渠道的建立与管理,品牌塑造
创业企业财务管理	小企业财务评价,企业资产管理,风险与保险,收获企业
创业企业税收筹划	税收常识,企业所得税税收筹划,企业增值税税收筹划,企业营业税税收筹划,税收筹划的发展趋势
创业企业法律支持	企业法律形式选择,企业设立的法律规范,企业经营往来中的法律问题,企业纠纷与法律保护
解读财务报表	资产负债表,损益表,现金流量表,财务报表综合分析
创业风险管理	认识创业风险,风险与创业企业发展,创业企业发展过程中的风险,风险的规划与管理
创新思维与创业管理	创造的基本概念和基本策略与方法,排除创造障碍的训练,创造过程的训练,创造的心理操作训练,创造技法的训练

(三)"三创"课程群方式

黑龙江大学在创业教育课程设置过程中,始终以培养学生的综合素质为中心,以促进学生灵活就业、自主创业为目标,以创造、创新、创业为基础,开设了"三创"课程群。"三创"课程群划分为三大模块,即创业教育模块、就业教育模块、证书教育模块。同时,融合学分制,进而开始推进第二学位建设。

在创业教育模块,创业教育选修课程结合创业管理实践,目前已经开设了创业投资与金融等 27 门课程,面向全体学生提供创业中所需的知识及基本训练,在学校的管理上将其纳入学分制体系当中。学校积极开发了辅修专业,开设了创业管理等专业,同时设计和开发辅修专业的课程资源,课程总数多达 250 门。目前该机制运行良好,为学校今后开设第二学位教育打下了坚固的基础。除此之外,创业技能培训课程采用了中国劳动和社会保障部通过国际劳工组织引入的培训课程体系 SYB(Start Your Business)。这一培训体系通常采取小班授课制,强调老师和学生的互动、理论结合实践。这一课程体系作为实践课程补充到创业教育模块里,丰富了学生在创业实践上的认识和理解。

在就业教育模块,学校引进了社会上的资源,通过对学生进行全面性、开放性的培训及考试,来促进学生的就业。目前开设了人力资源管理、现代物流管理、办公软件专家等7门课程。学校的第二学位建设正在积极筹建当中,在辅修专业教学的基础之上,通过开办双学位教育,培养学生成为跨学科知识的复合型人才,不断开发、整合、高效利用教学资源。

证书教育模块是学校针对学生可能从事的职业岗位群及其应具备的职业技能进行的培训,为学生今后的可持续发展提供教育教学资源,促进高等教育与人才市场的需求对接,促进学生先就业、谋发展。

(四)创业课程设置的要素分析

1.学科定位

创业教育课程的学科定位是指创业教育课程在高等教育课程体系里所处的位置。创业教育课程在高校内的定位不一,目前多数高校将其作为选修课来供学生选择,少数高校将其作为全校性的必修课,因而使创业教育的影响力非常有限,培养成果甚少。个别高校成立了创业教育专业或是专业方向,因而该课程确立了较为明确的定位和目标。但是,创业教育多依托于技术经济学科或企业管理学科,并没有成为一级学科,甚至都不是二级学科。也由于学科地位边缘化,绝大多数的高校并没有将创业教育看作是高等教育体系中的一部分,因而对创业教育的目标定位不清,创业教育及其课程的学科定位也较为模糊,这就导致了创业教育的课程建设中出现了功利主义的价值取向,即创业教育课程被当作企业家速成教育课程。很显然,这种揠苗助长式的创业教育课程是无法满足经济发展对创业人才的需求的。

2.课程类型

课程类型是指课程的组织方式或设计的种类。由于课程观、划分标准不一,因而课程类型也有一些差异。创业教育课程的分类,可以分为第一课堂和第二课堂两大类。第二课堂是第一课堂的补充,也是第一课堂的延伸。第二课堂能够充分地补充第一课堂上无法实现的切身体验,因此,第二课堂具有不可忽视的重要作用。运用第二课堂这一课程载体,进一步培养学生的创业素质、激发创业意识以及增强创业技能,使学生在创业的活动和实践中能够拓展创业知识。

第一课堂的创业教学主要讲授创业的基本理论和知识,第二课堂强调学生学习的主体地位。以活动为载体建立"学生主体性"互动式的课程实施模式。第二课堂课程实施过程是所有参与者共同开发和创造、共同构建的过程,要求教师要指导第二课堂活动的策划、培训、实施和评价的全过程,将第一课堂的传统权威教学转变成共同探索新知的合作者,真正实现学生主体性的回归。课程实施过程中要以"活动"为主,在活动中学会知识、培养能力,教师要引导学生自主设计活动方案、创造性开展活动,让学生成为活动的主人,用科学的实验、规范的实践去论证第一课堂学习的理论知识,在实践过程中学生能感受到成功的喜悦,也能尝试到失败的滋味,激发内在的创新意识。教学过程中教师要作为指导者、合作者与学生平等真诚地交往,在活动中"教师的身份不时发生变化,时而作为一个教师,时而成为一个与学生一样聆听教诲的求知者,学生也是如此,他们共同对求知过程负责"。

第二课堂中要发挥学生创业协会的作用。学生创业协会是学生自发的组织,学生社团以共同的兴趣爱好为基点为学生提供一个平台来共同交流、相互促进,是培养学生自我教育、自我管理以及自我服务的有效途径。对于有创业意识、创业激情的学生来说,在社团的平台上,不仅能相互交流创业的知识、相关信息,也能培养人际交往沟通能力等。

第二课堂要组织创业计划与模拟大赛。创业计划或创业模拟大赛,是学生基于创业兴趣或创业想法的创业计划书,也可以是关于某项技术的商业转化计划或某个产品投入市场的计划书。自第一届全国创业计划大赛以来,实践证明创业计划或创业模拟过程是学生获得实践经验的良好平台。

创业实习基地是第二课堂的重要内容,让学生亲自去经营小企业是国外创业教育比较推崇的做法,也符合教育学规律和创业规律。学校可以利用现有的教学实习基地和校办企业,通过产、学、研的结合,使其成为第二课堂创业实践园区。要鼓励引导学生成立专门的创业工作室或模拟公司,让有这方面兴趣和能力的同学在校内就可以尝试创业实践,亲身经历公司的创办、管理和运营,让他们获得创业的直接经验。

此外,第二课堂也可通过主题班会、团日活动、专题讨论等活动,巩固理论知识,培育创业意识。通过对创业类社团的扶持和引导,凝聚一批热心创业、有创业意识和创业潜质的学生,定期举办创业沙龙、创业论坛等,邀请创业成功人士及熟悉创业各环节的相关人士进行广泛深入的座谈交流。

3.课程实施方式

课程实施是指把课程计划付诸实践的过程,是达到预期的课程目标的基本途径。创业教育课程的实施主要有以下几种方式。

(1)课程渗透式。这种方式是指在专业教育的基础之上,增加相关的创业课程的结合方式。这种方式又可以称为以创业为导向的课程体系。这种课程体系由选修性的创业课程、专业性的创业讲座和课程性的创业启示来构成创业教育的课程平台。选修性的创业课程主要是指培养学生创业精神、创业意识等的相关课程。专业性的创业讲座是指对在某一领域行业如何创业的针对性的讲座,其主要目的是把创业与所学专业有机地结合起来。课程性的创业启示指在公共课程、专业基础课和专业课的具体教学过程中将各课程的特点结合起来,融入有关创业教育的理念和创新的教学内容,来培养和丰富学生的创业意识和创业知识(张项民,2008)。

(2)专业实践式。这种方式是指学生在校期间围绕专业领域找一个突破点开始创业实践,使学生在校期间把自己所学的专业知识运用到创业实践中去,使学生更好地理解与掌握专业知识,来巩固和稳定专业思想和专业兴趣,培养敬业精神。同时有助于学生及时解决在创业过程中所遇到的专业方面的问题。

(3)科研参与式。高校教师的科研平台是一种高起点的创业服务平台。其科研工作专业性强,处于专业领域的前沿,具有创新性。因而无论是从专业水平还是从创新意识上来说,学生参与到科研中,都有利于培养学生的创新精神,提高他们的专业素养。在科研成果转化成科学技术或经济收益的过程中,学生可以看到市场的巨大潜力,由此可以直接充当转化的骨干力量,开辟自己的创业之路。

(4)产学研一体化。学校创办的实验室、企业或者实习基地,都是使学生参与到其中的良好方式和途径,使其了解、学习专业知识和实践经验,体验生产、销售、新市场开拓等环节,为今后的创业奠定良好的基础。

4.课程评价

课程评价是指对课程计划及其实际达到教育目的的程度的价值判断活动,评价是为了了解课程的实施效果和存在的问题,从而改进课程的主要手段,也是了解学生和教师的需要,促进学生和教师发展的手段。所以,课程评价具有诊断课程问题、调控课程设计、监控课程实施和推动课程建设的功能。

在课程的评价上,一方面要关注课程本身价值的评价(内部评价);另一方面要关注课程达到目标的实际情况(结果评价),因而评价的对象可以是学生、教师或学校,甚至是狭义的课程评价等,使评价主体多元化。通过课程评价,去衡量该课程的设置是否具备合理性、必要性,是否满足学生对创业知识的需求以及对学生未来发展起到促进作用。与此同时,还要考察课程最终达到的目标是否与预期目标一致,对学生产生了什么样的结果,以此来判断课程的实施效果。

课程评价在目前已经形成了一般性的模式,包括目标评价模式、目标游离评价模式、CIPP 评价模式、CSE 评价模式等。

创业教育的课程评价也是针对创业教育目标的完成程度、水平、状况做出判断,通常采用目标评价模式。目标评价模式是在泰勒的评价原理和课程原理的基础上形成的。评价原理可分为确定教育与计划的目标、根据行为和内容来界定每一个目标、确定使用目标的情境、设计呈现情境的方式、确定评定时使用的计分单位、设计获取代表性样本的手段等。课程原理则分为确定课程目标、根据目标选择课程内容、根据目标组织课程内容和根据目标评价课程四个阶段。创业教育评价的基本思路就是根据创业教育的目标来制定评价内容体系,依据评价内容体系来制定评价指标体系。在评价的过程中,始终要遵循合目的性、合规律性以及可操作性等原则。

5.课程时间安排

创新创业教育应贯穿于大学生的整个教学计划中,融入人才培养的全过程。创新创业教育基础平台课程应该在大学一、二年级开设。意识是行动的先导,对刚入学的大学生来说,他们的创新意识、创业精神比较淡薄,对未来的职业发展没有清晰的规划,这一阶段,要加强对学生的创新意识和创业精神的培养,建立职业生涯规划意识,树立职业理想,有针对性地规划大学期间的学习、生活、工作。

创新创业能力课程和创新创业实践课程应在大三、大四开。首先,学生经过专业知识的学习,才能明确创业方向,才能有的放矢地进行创新创业实践活动。其次,厚实的综合人文素质是提出创新精神和创业能力的前提,大三、大四的学生在经过大一、大二的基础课程学习以后,具备了一定的社会、人文和自然科学知识,加强了人文修养和科学精神的训练,在知识储备上有了一定的准备。最后,学生通过两年的大学生活,生理和心理大大成熟,对自己的职业选择、人生规划有了更加清晰的把握,对探讨、分析较为复杂的创业问题会更有深度。

6.课程的教学手段

教学手段可以采用案例教学、讨论教学、情境教学、问题教学、实训教学、实践教学等方法。

(1)案例教学法是学生在老师的指导下,围绕某一事件而开展的调查、思考、分析以及讨论等教学活动,而这一教学活动是以某一教学目的为中心的。这种教学方法的结果是多元的、综合性的、具有启发意义的,有助于培养学生的创新精神和实际解决问题的能力。

(2)讨论教学法是指在教学活动中,在老师的指导下,学生之间围绕某一既定教学任务相互交流讨论的方法。这种教学方法强调学生的主体性,有利于调动学生的学习积极性。同时,这种教学方法有助于培养学生的表达能力、自学能力、主动学习能力以及团队协作等能力,而这些能力在创业过程中都是不可或缺的基本素质。

(3)情境教学法是指在教学活动中,教师带有目的性地引入或者创设一个具有感情色彩的、以形象为主体的具体场景,来引起学生的态度体验,从而帮助学生理解问题,并且发展学生心理机能的一种教学方法。这种教学方法的核心目的在于激发学生的情感。情境的创设主要有生活展现、实物演示、图画再现、音乐渲染、表演体会以及语言描述等方式。这种教学法有助于学生更好地领悟创业过程,并在将来的实际体验中发展出相应的心理预防机制和机能。

(4)问题教学法指的是以问题为载体,学生在设问和释问过程中萌发自主学习的动机和欲望,逐渐养成自主学习的习惯,并且在实践中不断优化自主学习的方法,从而提高自主学习能力的一种教学方法。问题教学法有助于培养学生解决问题的能力,探索知识、促进创造性思维的能力。

(5)实训教学法就是以实验室为训练中心,通过实验硬件与软件的结合,使学生更容易掌握创业的基本操作技能、调查设计、分析方法和决策能力,同时,有利于培养学生发现问题和解决问题的能力,初步具备一定的创新技能。

(6)实践教学法就是要提高学生创新创业实践能力,为学生搭建实践训练平台。这里有三种途径,第一种是校企合作,联合创立实践训练基地;第二种是在高校建立"创业基金会""创业协会"等组织机构,为学生提供创业实战演习场所;第三种是通过勤工助学岗位,帮助学生体验创业。以上三种途径都是在为学生参与创新创业搭建起一个发展的平台,通过走产学研相结合的道路,高校与企业联姻,企业走进高校,共同探讨人才培养的新模式,从而不断提升学生的创新与创业能力。

7.课程的师资

师资建设是创业教学活动中的重要因素,不容忽视。我国高等学校创业教育师资队伍存在着师资较为匮乏、定位尚不明确、缺乏企业实践经验等问题。由于创业教育存在的跨学科性、强实践性等特点,因而对创业教育师资的要求较高,不仅要求具备普通教师的职业素质,还要具备创业体验、创业技能等,甚至是创业经验。所以,聘请社会上有一定学术背景并且有创业经验的企业家或专业人士来教学和研究已经成为高校开展创业教育师资建设的一大趋势。

三、创业课程设置

创业教育课程体系设置应遵循教育的客观规律,循序渐进,由浅入深,以提高大学各类专业人才创新创业能力。坚持以培养基本认知能力为基础,以专业运作能力为阶梯,以综合运用能力和创新创业能力为核心,以知识、能力、素质协调发展为主线,以多形式教学、多样化训练、多渠道实践为手段,学习、实训、实践、创新、创业、科研相互促进的思路,强化学生创新精神、创业意识和个性化发展,实现各类专业人才的应用型、复合交叉型、创新创业型培养的实验教学理念。

(一)创业课程类型

创新创业教育就是要培养学生运用知识和理论完成创新过程、产生创新成果的综合能力,包括科技创新和管理创新。创新能力的表现形式是发明和发现,是人类创造性的外化。创新能力包含着创造性思维能力和创造性实践能力,主要包括四个方面的内容:创新意识、创新思维、创新技能和创新人格。创业能力是指在各种创新活动中,凭借个性品质的支持,利用已有的知识和经验,新颖独特地解决问题,产生出有价值的新设想、新方法、新方案和新成果的本领。创业素质的人才应具有的能力包括:创造力和创造精神、学习能力、技术能力、团队合作精神、解决问题能力、信息收集能力、敏锐的洞察力、研究和完成项目的能力、环境适应能力和献身精神等。根据上述定义和我国的教育现状,可以将创业教育归纳为四个类型。

1.创业意识培养课程类

创新创业意识即创业实践中对人起动力作用的个性倾向,包括创业动机、创业观念等,是大学生对创业这一实践的正确认识,理性分析和自觉决策的心理过程。创业意识的形成,不是一时的冲动或凭空想象出来的,它源自人的一种强烈的内在创业需要。创业动机是创业活动的最初诱因和最初动力,是创业活动形成了心理动力。创业动机对创业行为产生促进、推动作用,有了创业动机标志着创业实践活动即将开始,创业动机包括成功欲望、兴趣、想象力、冒险等。成功欲望属于创业动机范畴,是对未来奋斗目标的向往和追求,是人生理想的组成部分。有了成功欲望,就意味着创业意识已基本形成。而创业兴趣是人的个性特征,是人长期形成的性格,可以激发创业者的深厚情感和坚强意志,使创业意识得到进一步升华。一般在创业实践活动取得一定的成效时,创业兴趣便会进一步提高。创业者为了实现创业理想,在创业活动中经过艰苦磨炼,又逐渐建立起创业的信念即想象力。想象力是创业者从事创业活动的精神支柱和活动的基础,是创业者的思维方式。冒险也是人的个性特征,是创业者必须具备的工作品质。

创业观念是创业意识的最高层次,是随着创业者创业活动的发展与成功而使创业者思想和心理境界不断升华而形成的,它使创业者的个性发展方向、社会义务感、社会责任感、社会使命感有机地融合在一起,把创业目标视为奋斗目标。创业观念包括创业精神和创业意愿,创业精神是创业动机长期累积的一种思想境界,它的进一步发展形成了创业意愿,是思想的一种外在反映。

创业意识教育是旨在向学生灌输一种创业意识,使他们的创新思维在创业过程中得以激发和发展。在创业教育实施的过程中,首要的任务便是积极引发教育者与受教育者的创业意识问题。创业意识及其支配和产生的创业活动对于个人乃至民族的发展有着重大的意义,要创业就得从培养创业意识入手。意识是行动的指南,创业意识集中体现了创业素质的社会性质。支配着创业者对创业活动的态度和行为,规定着其态度和行为的方向和强度,具有较强的能动性,是创业素质的重要组成部分,是探索与构建创业教育运行机制的必要前提。

2.创业能力培养课程类

创业能力培养是指创业实践中的工商企业经营管理知识和创业专业技能。基础管理理论知识包括对企业作为经济组织的认识、对企业经营管理的认识、对企业外部市场的认识以及对创业过程知识的了解,这是创业的准备阶段。创业专业技能是创业实践的工作技能,影响创业活动的实现。

创业经营管理知识是培养学生具备创新创业的经营管理能力、市场把握能力、战略决策能力和人际关系能力,其中,需要通过课程培养的重要创业知识包括:

(1)战略管理知识。当人们要满足某种期望时,往往不计算将要付出的成本,常常凭感觉,有了大方案却没有小计划,干到哪里算哪里,因而付出了大的成本冲减了效益。管理者做出一切决策时,一定要先计划,后实施,因为世界在变,环境在变,人们的观念也在变,科学地运用计划管理,企业才可立足及长远发展。

(2)企业经营管理知识。其中,制度管理知识尤为重要。企业制度不在于多而在于精,制度不仅是制约一般员工行为的,更是制约特权者的,不能被一些特权者们随意践踏,所以,企业要用制度来管理人的行为。同时,信誉是金,承诺是负债,企业制度中对员工的承诺一定要兑现。制度适用于企业中的每一个人,有效率的制度是企业发展的关键。

(3)信息管理知识。信息管理知识是企业经营管理知识的一个重要内容,信息管理是现代企业管理活动的一项重要内容,信息只有及时准确地送到需要者的手中才能发挥作用。企业的管理系统越大,结构就越是复杂,对信息的渴求就越强烈。任何一个组织要形成统一的意志,统一的步调,各要素之间必须能够准确快速地相互传递信息。管理者们对企业的有效控制和管理,都必须依靠来自组织内外的各种信息。信息,如同人才、原料和能源一样,被视为企业生存发展的重要资源,是企业管理活动赖以展开的前提,一切管理活动都离不开信息,一切有效的管理都离不开信息的管理。

(4)绩效管理知识。绩效管理知识也是企业经营管理知识的一个重要内容,决定着企业管理的成败。它通过划分组织目标与个人目标的方法,将许多关键的管理活动结合起来,实现全面、有效的管理方法和过程。绩效管理是强调系统和整体管理,强调自主自控的管理,是面向未来的管理,是重绩效、重成果的管理。

(5)创业知识。通过分析市场,把握市场,寻找商业机会与创业机会,策划创业目标和商业模式选择,了解新创企业的相关法律和政策及新企业注册登记流程,建立新企业。创业知识是创业人才不可或缺的知识体系,是课程教学的重要环节。

3.创业技能培养课程类

创新创业人才是企业的中高级经营管理人才,要培养中高级经营管理人才就必须培养创新创业人才的企业策划能力和经营决策能力。一般管理人才只需要掌握创新创业的知识,而创新创业人才则必须掌握企业策划技能和经营决策技能,创新创业的实践才有可能取得成功。企业策划能力和经营决策能力是一项实践性高级技能,是创新创业人才培养中大学教育必须提供的培养内容。主要包括:

（1）投资项目可行性分析与决策能力，即通过投资项目分析，比较项目优劣的能力。很多创业者或企业管理者没有进行投资项目分析而轻率决定经营决策，盲目上马项目，导致企业资金周转困难，经营运作陷入困境甚至破产。

（2）创业策划能力。包括企业创立策划能力、商务策划能力、营销策划能力和管理策划能力。首先，学生要从事创新创业，就必须在了解新创企业法律、政策和新企业注册登记流程的基础上培养策划企业创立方案的能力。其次，要培养学生进行创业机会识别、创业项目识别、创业项目准备等商务策划能力。最后，要培养学生创业项目运作管理的能力。可以通过商业计划书设计的训练，来培养创新创业人才的综合技能。商业计划书（Business Plan）是创业的纲领性文件，是创新创业成功的关键。制作商业计划书已经成为越来越多创业者的必修课程。

（3）经营分析、诊断和决策能力。具有阅读和分析财务报表的技能是创新创业人才的一项基本技能，企业运行的好坏无不清晰地呈现在财务报表上。创新创业人才如能通过阅读和分析财务报表，诊断出企业管理运作方面的明显缺陷，甚至发现潜在的隐患，及时做出判断和决策，设计出新的管理方案和实行相应的措施，将有效地防患于未然。

4.创业实践能力培养课程类

创新创业的实践能力是指人才的潜在的工作执行能力。一个好的创新创业方案要靠优秀的人才来实施，人才的实践能力决定计划结果的成败。大凡有成就的人，无不经过艰苦创业。创业的过程也是锻炼的过程，是不断学习提高、不断发展的过程。通过创业，可以使自己的事业得到发展，实现自身价值的最大化，可以激活人才资源和科技资源，使得许多新创意、新科技、新发明、新专利迅速转化为现实的产业和产品，实现对社会贡献的最大化。创新创业人才的实践能力主要包括：

（1）商务谈判能力。商务谈判能力是人际关系能力的一个方面。管理者的世界是张谈判桌，谈判行为是一项很复杂的人类交际行为，它伴随着谈判者的言语互动、行为互动和心理互动等多方面、多维度的错综交往。通过商务谈判所获得的效益，都是企业的纯利润。

（2）研究与学习能力。学习能力是经营管理能力的一个重要方面，未来最成功的企业将是一种学习型组织，能够使各阶层所有成员全身心投入，并持续不断地学习。企业未来唯一持久的竞争优势，就是比竞争对手具备更快学习的能力。

通过不断的学习，使企业的资源融会贯通，吐故纳新，始终以崭新的形象，生机勃勃地面对多变的外界环境。

（3）社会交往能力。社会交往能力是团队协作特质的一个方面，良好的人际关系，不仅能给人生带来快乐，而且能助人走向成功，社交能力是人类生存的重要能力。物以类聚，人以群分。现在社会上成功的企业家多数是"50后""60后"的人,他们已度过了创业、企业经营的原始阶段,有学历、有经验、有资源,有他们的圈子。要想进入他们的圈子,就要具备同他们一样的能力,要广交朋友,舍得对自己投资,包括从内至外的,言谈举止、内涵方面的改变等。

(4)职业道德。职业道德是社会经验的一个方面,遵守职业道德就如保护自己的生命一样重要,管理者必须具备这个能力。管理不仅有伦理方面,还有道德方面,道德与责任,是永恒的命题。人在任何时候,都不要透支自己的道德。有些企业为了获取自己的最大利益或超额利润,不惜逃避或违犯各种制度和规范。在全球一体化的经济背景之下,企业社会责任不仅仅是评价企业道德高低的标准,同时也是企业进入国际市场的门槛。

(5)企业危机处理。企业危机处理考验一个人的心理素质,当企业在处理与社会大众或顾客有关的重大事故时,在面对危机时所采取的不同的态度和决策,对塑造良好的企业形象将会产生差之毫厘、谬以千里的效果。企业经营运作中的一个小小的意外或者事故有时就会迅速被扩大到全国甚至更大的范围内,产生非常严重的后果。创业者要具有剖析自己和企业、超越自我的勇气和能力。

(二)创业课程体系

1.创业意识课程

创新创业的意识培养,首先,要发展个人的兴趣。健康的个性与兴趣可以激发创业者的创业热情,升华创业意识,是创业意识形成的重要因素。所以要有意识地开设课程培养学生的兴趣、发展学生的兴趣、要求学生了解自我、完善素质、提高能力。其次,要激发学生的创业动机。摒弃安逸思想,培植个人求发展的心理。创业活动过程会遇到很多困难,如果没有坚定的创业信念,仍抱着随遇而安的思想是不可能成就一番事业的。最后,要树立创业理想,激发创业需要,坚定创业信念,让学生积极投身社会实践,了解社会,养成善于观察、勤于思考的良好习惯。

要实现上述目标,大学教育中可以开设有职业规划与发展、职业经理等课程。职业规划与发展课程的教学内容应该包括人的个性与职业选择、职业胜任力测评、学科和专业的发展与职业、产业发展与人才需求、职业规划等。职业经理课程的教学内容应该包括创新思维与素养、职业经理人、领导理论、商务谈判、企业文化等。

2.创业知识课程

创新创业人才要求具备职业经理人的基本知识体系,创业容易守业难,创业不是目的,企业的生存与发展才是伴随创业过程的永恒主题。所以,创新创业人才应该具备工商管理的基础知识体系,这个体系包括经济学理论、管理学理论、公司战略管理、人财物的企业资源管理、生产供销的商务管理等课程。同时,创新创业人才还要具备创业管理的专业知识,其主要课程可包括 KAB 创业基础、创新与创业管理等课程。其中,KAB 创业基础是国际劳工组织编写的教材,教学方式新颖。该课程注重培养学生的创业素质。具体包括自我测试、课堂演示、小组活动、案例分析、头脑风暴、嘉宾访谈、商业游戏等多种形式,生动活泼,具有很强的教学效果。课程结构模块化是指 KAB 课程设置了八个教学模块,每个教学模块都有其特定的主题,但各个主题之间又相互联系。授课内容的八个模块依次为:模块一:什么是企业?模块二:为什么要发扬创业精神?模块三:什么样的人能成为创业者?模块四:如何成为创业者?模块五:如何找到一个好的创立企业的想法?模块六:如何组建一家企业?模块七:如何经营一家企业?模块八:创业准备:商业计划书。

3.创业技能课程

创新创业人才的知识培养体系只能是学生具备某些经营管理岗位的流程操作能力和具体方案的执行能力,而创新创业人才需要具备经营策划能力和战略决策能力,需要各项经营管理知识的综合运用能力。这反映了创新创业人才与一般管理人才相区别的两大特点,一是管理层次的提高,要能够从事经营管理的方案策划和设计;二是知识综合运用能力的提高,要能够规划和制定企业的战略管理方案。要实现上述目标,就不能依靠单一的理论课程来培养,必须开设综合性、设计性和研究性的实验实训课程。就是说,课程设置要改变传统的按学术体系设课的模式,需要按职业能力要求来设课。按照创新创业人才的职业能力要求,开设的课程要有几个基本要求。一是课程内容的研究性,要有利于方案设计能力和决策能力的培养。二是课程内容要与真实环境密切结合。三是课程内容的综合性,课程内容综合运用经济学、管理学、法学、科技、运筹学、社会学等学科的知识。四是课程内容的创新性和时效性,课程内容随着时间和地点的不同,案例分析的结果应该是有差别的。

依据上述要求,创新创业人才的专业技能培养课程体系主要包括:创新创业分析与实训,投资项目分析实训、商业计划实训和经营分析、诊断与决策实训等课程。

(1)创新创业实训课程

主要采用了 PEST 分析法和 SWOT 分析法作为学生创新创业实训的理论核心,从企业主要外部环境因素:政治(Political)、经济(Economic)、技术(Technological)和社会(Social)进行分析。采用 SWOT 分析法对企业的总战略、财务战略、研发战略、人力资源战略、生产运作战略和营销战略分别进行分析,满足各类学生的创新创业能力培养需要。

创新创业实训教程是配合学校研发的经济管理大型案例资源库教学平台实训的一门课程,学生在经济管理大型案例资源库教学平台上可以学习到我国各类主要产业和典型企业的案例和分析报告,可以结合各自的专业和个人兴趣选择自己的学习内容,学习结束后可以完成一份有一定市场价值的创业投资项目基础分析报告或企业发展战略规划报告。

（2）投资项目分析实训

投资项目可行性分析课程，是学生创新创业的技能性培养核心课程，采用实验教学的教育方式，不仅可以使学生系统掌握项目投资的理论知识，而且还可以培养学生的创业分析决策管理能力。这些能力广泛应用于大中型企业、投资咨询公司和政府相关部门的投资项目决策。运用投资项目分析规范的方法，掌握投资项目成本费用估算和投资项目现金流量表编制方法，对投资项目的经济效益指标和不确定性（风险）指标进行科学的分析评估。并且，投资项目分析的结果和指标可应用于项目可行性分析报告的设计中。通过进行"模拟"和"全真"两方面的投资项目分析，审核投资项目的可行性。通过本课程学习，使学生运用经济管理专业理论知识，掌握项目可行性分析的实际操作方法，能较熟练地对一个投资项目进行全面分析评价和撰写出符合基本要求的投资项目可行性分析报告。

（3）商业计划实训

课程内容主要通过企业创立策划、商务策划、营销策划和管理策划四方面实验实践能力的培养，促使大学生能够综合运用经济管理知识，针对经济发展现实问题开展调查研究，撰写一份有商业价值的创业计划书，不仅培养了大学生的创业意识和创业精神，更重要的是培养了学生的创业技能。一份有商业价值的创业计划书，既是学生的学习成果，更是学生的创业资本，为企业和社会带来商业机会。

（4）经营分析、诊断与决策实训

经营决策分析课程是创业运行管理的综合实验性课程，通过对企业经营运行过程状况的诊断分析，进行企业经营研究，设计企业经营计划，是培养学生管理创新创业能力的核心课程。企业经营决策分析广泛应用于大中型企业、会计师事务所和企业管理咨询机构的经营决策分析。运用企业财务报告分析规范的方法，分析被评估企业经营的赢利能力、偿债能力、营运能力、竞争能力和成长能力等方面，撰写企业的财务分析报告。通过财务分析，诊断经营发展中的管理问题，进一步规划和制定企业发展的经营战略，改善企业经营，提升企业的市场竞争力。本课程以企业财务四大会计报表为分析的起点，以企业经营战略决策报告为终点，是提高学生创业运行管理能力的有效课程。课程设计以实验教学为主要教学方法，使创业思维训练与创业管理能力培养融为一体。

4.创业实践能力课程

创新创业人才的实践能力就是培养学生的创新创业的执行力，它是一个综合素质累积的过程，也是一个创新创业经验累积的过程。因此，在这一过程中，主要是为学生搭建实践训练平台，营造创新创业氛围，开展创新创业活动。主要课程和项目有：社会调研、企业实习、创业项目规划和自创企业等形式。

社会调研可以帮助学生了解社会经济发展情况，寻找商机，策划商务。企业实习可以帮助学生分析企业现状,规划企业发展战略,修正企业经营方案,提升企业发展能力。创业项目规划是创业中最难,也是最关键的一步,项目规划就是选择创业方向,而不少大学生这一步走得并不好。很大一部分创业失败是由于项目选择错误所致。大学生进行项目规划实践与项目孵化,可帮助学生提高创业的成功率。自创企业可以帮助学生积累创业经验,总结创业过程的教训,提升创业实际能力,缩短创业周期,提高创业成功率和创业经济效益。

创业课程的设计可以概括为表3-20。

表3-20　创业课程的体系

课程平台	类型	主要学习内容	期望目标	可能开设的课程
创新创业教育课程基础平台	创业者知识类	创新思维、创意激发、商业机会判断、机会评估、职业生涯规划	面向全体学生,培养学生的创新意识、创业精神,促进学生创业心理品质的形成	创业学、创意思维概论、大学生职业生涯规划、大学生KAB创业基础等
	创业知识类	创新战略、市场营销、风险投资、合同与交易、电子商务、税务制度、知识产权	面向全体学生,培养学生的创新意识、创业精神,促进学生创业心理品质的形成	创业学、创意思维概论、大学生职业生涯规划、大学生KAB创业基础等
创新创业教育课程能力平台	创业能力类	通过专业市场调研了解专业优势与发展前景、学生的就业方向与职业发展道路,掌握职业所需的创新创业能力,专业典型创新创业案例分析,专业领域前沿问题的创新性研讨	优化课程体系和结构,培养学生基于专业知识的创新创业能力	专业市场调研、专业创新创业能力训练、典型创新创业案例分析、专业领域前沿问题的创新性研讨等
创新创业教育课程实践平台	创业实践操作类	制订商业计划书、项目管理、模拟创新创业实践	在专业实践环节融入创新创业活动,积累创新创业经验,提高综合实践能力	学科专业竞赛、模拟创业、商业计划书、专业创新创业项目

四、创业课程体系建设的途径

(一)构建创业教育管理体系

构建创新创业教育管理体系,激发师生创新创业的兴趣。

首先,建立全面的素质教育观念,注重学生创新素质的培养。把创新创业教育贯穿于思想政治教育的始终,将学生创新素质的培养与其他方面的思想教育有机结合起来,将创新意识和创业精神的培养作为高校创新创业教育的重点,使学生意识到,要适应时代发展的要求,就必须强化自身的创新创业意识。

其次,加强创新创业教育师资队伍建设。要想加强学生的创新创业能力,就要打造出具有较高创造性思维和创造精神的教师队伍,只有不断加强创新创业教育师资队伍建设,才能培养出具有创新素质的学生。在这方面,可以聘请社会上成功的创业人士或校友为老师做创新创业专题客座,带领教师学习创新创业相关理论和技能知识,使教师首先明确创新创业教育的目标,以便在向学生传授创业知识时,能够有的放矢,从而增强创新与创业教育的有效性。

(二)营造创业氛围

加强校园文化建设,营造创新创业氛围。充分发挥大学生科技社团的作用,营造创新创业文化氛围。通过大学生科技社团,开展丰富多彩的课外科技实践活动,开阔学生视野,激发学生的积极性,培养学生创新创业素质,形成创新创业的良好文化氛围。在培养过程中,要做到普遍性与重点培养相结合,发现、培养一批骨干分子,发挥示范作用。

开展各种创新创业教育专题活动,拓展创新创业教育载体。在校园文化中开展各种创新创业教育专题活动,以社会实践为纽带,将创新创业教育的目标、任务、内容、要求有机地融入校园文化中来,开展创新创业实践活动。如参观创业成功的企业,请创业成功者介绍创业的奋斗历程,鼓励在校大学生创业,大力营造创业光荣的氛围,带动更多的学生勇于创业。

以校园科技文化活动为载体,以科技竞赛为依托,培养学生的科技创新能力。依托校园各种科技竞赛,充分发挥"挑战杯"创业计划大赛、课外学术科技作品竞赛、大学生就业创业论坛、科技论坛等大学生创新创业课外活动的作用,推动学生积极参与到创新创业的课外活动中来,培养学生的科技创新能力。

(三)搭建实习实训平台

目前,高校学生的知识结构和专业技能主要是通过专业教育获得的,学生的知识结构和专业技能基本决定了其就业和创业方向,尤其是创业初期的发展方向。因此,要想使创新创业教育落到实处,就必须将其融入专业教育中,使专业理论知识的学习、运用与创新创业活动相结合,创建特色鲜明的课程体系,构建专业学习和实践能力相结合的桥梁,有的放矢地培养具备创新意识、创业精神和创业能力的专业人才。

当前高校创新创业教育应以培养创新创业意识、提高创新创业能力、增加创新创业教育实践为主线,其课程由创新创业教育课程基础平台、创新创业教育课程能力平台、创新创业教育课程实践平台三大平台课程组成,创新创业教育课程能力平台和创新创业教育课程实践平台可根据专业课程情况逐步实现与专业教育课程的融合,每个学生都应该学习。各个学校应在创新创业教育课程基础平台的基础上,根据学校特色,结合专业学科特点,适当分别加入符合专业特点的创新创业能力类课程和创新创业实践类课程,开发适合本校学生的创新创业教育课程,实现专业教育与创新创业教育的融合。创新创业能力类课程和创新创业实践类课程是专业教育的深化和延伸,高校的创新创业教育强调以专业教育为基点,发挥专业优势,尤其是专业前沿的优势,满足创新创业的需要,使学生在专业教育的基础上,根据其兴趣、需要和能力,提高创新创业能力。

第四章　高校跨学科创新创业教育质量监控分析

近年来,国家和地方政府部门加快推进创新创业教育,希望通过这个载体来推进人才培养模式的改革,提升人才培养的质量,进而促进人才培养与区域经济社会发展的匹配度,缓解"人才荒"和"就业难"的双重矛盾,实现大学生的充分有效就业。高等职业院校的创立宗旨和办学定位在于满足地方经济社会发展的现实需要,培养适应地方经济所需的技术技能型人才。由于高职院校大多是原有中等职业学校升格而成的,对创新创业教育这一舶来品还比较陌生,而且可以借鉴的经验和可复制的现成模式不多,只能靠自身的努力慢慢地形成发展特点和实施路径,这是当前高职创新创业教育的现实状态,这也要求高职院校的创新创业教育教学质量应进一步提高。为全面推进创新创业教育,教育部 2010 年 4 月下发的《关于大力推进高等学校创新创业教育和大学生自主创业工作的意见》指出,高校创新创业教育正式进入教育行政部门指导下的全面推进阶段,高等院校创新创业教育要从加强创新创业教育课程体系建设、加强创新创业师资队伍建设、广泛开展创新创业实践活动、建立创新创业教育教学质量监控系统和加强工作研究和经验交流五个方面来推进。其中,创新创业教育教学质量监控系统的建立和完善是高职院校稳步提高创新创业教育水平的重要保障。

第一节　高校创新创业教育质量监控存在的问题

就大学组织而言,教学质量监控包括外部监控和内部监控两个层面。外部监控是指国家和地方政府、社会对大学教学质量的监控,内部监控即大学教学质量自我监控,是大学组织按照自己的标准自觉地对教学质量进行监控。作为高等教育重要组成部分的高等职业院校,经过十几年的改革与发展,近年来逐步在教学质量监控上取得了一定的成绩。外部教学质量监控主要是政府部门主导的,比如各省级部门针对高职院校筹建时开展的合格评估,2006 年教育部组织的人才培养工作优秀评估、2008 年启动的国家示范性高等职业院校建设、2010 年启动实施的国家骨干高等职业院校建设等,由各省级教育主管部门组织的省级示范院校建设、优质学校建设及各类型的重点专业、特色专业、优势专业评估等单项评估。行业组织主导的外部教学质量监控,比如中国教育国际交流协会组织开展的中外合作办学质量认证,也是高等职业教育在中外合作办学领域开展第三方质量认证的重要突破。创新创业教育领域的教育质量监控工作实施得比较晚,一般都是先有专业建设、课程改革,待到学校发展到一定阶段,方开始谋划推进创新创业教育及质量监控,比如浙江商业职业技术学院在 1999 年筹建,2002 年通过了省教育厅组织的合格评估,2006 年通过了教育部组织的人才培养工作优秀评估,其创新创业教育起步于 2005 年,真正发展到有一定规模和特点,也是在 2008 年以后。应该说高职院校教育教学质量监控正处于基本完善阶段,其创新创业教育教学的质量监控还处于起步阶段。目前高职院校创新创业教育教学质量管理存在的主要问题如下:

一、创新创业教育教学的外部质量监控尚未独立进行

提高教学质量的真正动力源自大学组织对高质量教育的追求。要形成这种追求,关键在于大学组织质量建设主体意识的强化。因此,在质量监控观念更新上,首要的任务是实现由"外控为主"到"内控为主"的转变。长期以来,由于机制体制的原因,我国高职院校的教学质量监控一贯以政府主导的外部监控为主。片面的外部监控,由于难以顾及诸多组织的差异,导致质量标准同一、监控模式单一,遏制了高职院校个性的发展,难以从根本上提高办学质量。目前,高等职业院校创新创业教育的外部质量监控基本上都是依附对院校总体办学质量情况的评价。由政府部门独立针对高校开展创新创业教育教学质量监控行为的鲜有发现,值得推广的经验有江苏省设立的一批高等教育创业教育示范校、浙江省开展的高职院校创业教育学院试点项目等。

二、创新创业教育教学的内部质量监控尚未完善

在内部教育教学质量监控上,高职院校基本上沿用常规的质量监控手段,将教学过程分解,对教学准备、课堂组织、教学内容、教学方法、教学手段、课外辅导、教学效果,以及教学评价等方面,提出了明确的质量要求和检查评价标准;提出学业考核质量标准,规定学生创业考核的种类和方式、考试命题、试卷审查和制作、阅卷和成绩评定等方面的标准与要求,明确毕业设计和成绩评定的要求与标准。大多数高职院校有针对性地开展了各个层面的信息交流与反馈,广泛收集教学信息。学校领导、有关职能部门和二级学院(系)领导坚持学期初、学期中和学期末的常规性听课,并根据教学工作需要进行随机性听课,及时发现和解决教学工作中的问题,提高了教学决策的针对性和科学性。组织督导专家对各主要教学环节进行督导检查,对教学工作进行诊断和专项检查评价。一些学校通过完善常规检查制度,在学期初,召开学期教学工作会议,检查教学工作安排和教学准备情况;学期中,检查教学工作计划和学期授课计划执行情况;学期末,召开教学工作会议,总结学期教学工作,布置考试工作,

加强考试过程中的巡视检查等。但综合来看,常规性的教育教学质量监控并不能适应创新创业教育的需要,创新创业教育有其自身发展的需要,有其自身发展的规律和特点,学生的创新创业教育过程与其接受专业课程的理论教学、实训实习均有很大的不同,在时间、空间和活动的对象、方式方法等多方面均有自身的特点和个性,因此,高职院校的创新创业教育教学的内部质量监控需要逐步完善。

三、创新创业教育教学的全面质量管理基本流于形式

全面质量管理,是一个组织基于质量管理的变革愿景,虽然产生于企业管理实践,但非常切合大学人才培养活动的实际,具有很强的适应性,在大学质量管理实践中得到了广泛应用。在全面教育质量监控模式下,学校倾力于教学质量标准建设和目标管理,创业教育学院倾力于具体教学活动的监控和管理,师生员工能自觉评价和调整自己在工作或学习中的行为,从而实现质量监控主体和客体的统一,使内部质量监控的各种力量形成合力。该模式在操作层面可以通过实施校内创业教育学院教学工作评价制度来实现。校内创业教育学院教学工作评价的重点是创业教育学院与各二级学院的教学工作和管理工作,目的在于客观评价各学院的教学工作,准确诊断工作中存在的问题,激发师生质量意识,实现教学质量稳步提升。目前,大多数高职院校的创新创业教育虽然强调了全员全过程育人,有些院校也制定了一些制度,鼓励教职工支持创新创业教育的开展,但总体上看,高职院校尚未牢固树立全面质量管理的理念,创业教育学院基本上是单打独斗、独立支撑,少数几个职能部门如团委等因业务重叠关系有互相配合的状态存在。由于机构设置的职能分布不同,创业教育学院大多游离于二级学院之外,与其他二级学院之间的关系仅为战略合作者,并非联盟关系,各二级学院对创业教育学院在师资、生源、优秀生评选等方面基本上都是处于应付状态,造成全面质量管理基本上还处于形式上、口号上,实质性的动作并不多见。

第二节　高校创新创业教育质量监控体系的构建

创新创业教育是促进高等职业院校人才培养质量提升的重要路径。在高等职业院校中大力推进创新创业教育,对于进一步深化技术技能人才培养模式改革,优化职业教育课程体系,提升专业建设质量,提升双师型教学团队的建设质量都具有十分重要的意义和价值。但高等院校开设的创新创业课程的教学效果是否明显,创新创业师资队伍的教学能力是否突出,目前还没有明确的标准进行衡量,这对于有效提升高校创新创业教育质量是极为不利的。因此,本研究引入全面质量管理理论,确定教育教学质量监控体系的构成要素,旨在为提升高校人才培养质量提供借鉴。

一、高职院校创新创业教育教学质量监控的基本元素构想

质量监控的主要元素在国内的研究中基本形成了比较一致的方向,他们认为应对学校定位、人才培养目标、人才培养方案、教学设施设备、教学团队状态、学生素质、校园文化、教学管理等元素进行系统监测。一些学者认为信息收集对于创新创业教育质量的提升具有一定的促进作用。高职院校目前督导专家队伍建设,如建立校院二级督导体系,组织安排资深教师定期检查课程授课计划、人才培养方案、教学大纲,随堂听课,指导青年教师参加教学比赛等任务,并对课程教学进行专家会诊,研究提升教学质量的方案和路径。与师生面对面交流,听取师生对于创新创业教育的意见和建议,尤其学生反映的意见和建议。这些意见和建议都是来自第一线的最真实的反映,是从不同角度阐释创新创业教育过程中的问题,高职院校必须要高度重视,尽力解决这些问题,使得信息收集、整理、反馈机制通畅,有利于形成高质量的建设闭路机制。问卷调查也是了解创新创业教育质量的关键手段之一,问卷调查可以避免师生群体不愿意表达真实想法的现状和问题,会收集到更为深入的问题,使得问题产生的根源、解决的办法都更加科学、直接、真实、有效。鉴于上述的分析和研究,本研究根据创新创业教育的现实状态和发展规律,将质量监控的要素分为培养目标、组织机构、师资队伍、信息反馈和条件保障五个方面的基本元素。培养目标主要聚焦学校在政策等方面的重视程度,以及人才培养的规格是否符合区域经济社会发展的需要等;组织机构是指是否建立了高效的管理机构,以负责部署和执行各项质量监控措施;师资队伍是指高职院校从事创新创业教育教学任务的教师和管理人员的工作能力是否满足学生成长成才的需要,师资队伍的培养和考核机制是否健全;信息反馈主要考察创新创业教育教学效果在不同群体中的反应,注重信息渠道是否通畅,反馈的信息是否具有真实性和及时性;条件保障主要考量制度、硬件设施设备、软件配置等保障创新创业教育教学质量的实施情况,涉及制度的制定机制、完善教育教学保障机制、激励机制等,考察措施是否有力,效果是否突出,等等。高职院校创新创业教育的质量监控要围绕上述五个基本元素展开,全面、全过程、全方位监控创新创业教学质量,评价创新创业教育教学活动的状态,为提高高职院校创新创业教育教学质量奠定基础。

二、高职院校创新创业教育教学质量监控体系的构建模式

通过对影响高职院校创新创业教育教学质量的基本因素(人、物和管理的因素)的分析,立足高职院校创新创业教育教学活动全过程,按照全员性、全方位、全过程的"全面质量管理理论",从监控目标体系、组织机构体系、制度保障体系、激励约束体系、督导评价体系和信息反馈体系六个方面构建创新创业教育教学质量监控体系,最终建立一套切实可行的高职院校创新创业教育教学质量监控管理方法。

构建战略层:通过创新创业人才培养目标定位和社会需求分析、内外环境分析,全方位地确认各个教学环节的监控目标。

高职院校创新创业教育教学质量监控体系是一个封闭的管理系统,这个系统从它的监控目标开始。监控目标体系应该从教学输入质量、教学运行质量和教学输出质量三个方面进行目标监控。

(一)教学输入质量监控目标

(1)对学校创新创业型人才培养目标的监控。具有符合高等职业教育的人才观、质量观、教学观,重点突出职业性和专业性,培养具有开创个性和创业综合能力的可持续发展的高素质技能人才的教学思想理念;具有以创业意识、创业心理品质、创业知识、创业能力培养为主线,建立"产学研"结合紧密、校企双向介入、共同育人的创业人才培养模式;主动适应经济发展需要,结合区域经济特色,制订科学完整的紧密结合专业特色的创业人才培养方案和制定毕业生质量标准。

(2)对创新创业教育的课程体系与教学内容的监控。对于创新创业教育的课程体系与教学内容,主要监控其是否与培养目标相适应。对课程体系的监控主要包括课程结构、教学计划、教学进度、课程标准和教材。对课程结构主要监控创新创业教育课程是否采取必修课与选修课相结合、显性课程与隐性课程相结合、学科课程与活动课程和实践课程互动的多元形式。对教学计划主要监控其内容是否与学生知识和能力的培养目标相符。对教学进度主要监控其是否与专业课程教学进程一致。对课程标准主要监控其是否与教学计划相一致。对教材主要监控其时效性、针对性以及应用性,同时要严格监控教材规格。对教学内容主要监控其是否与教学培养目标、课程标准、教学计划相符,制定的课程标准是否与国家要求相符,是否对应地方经济社会发展的现实需要,是否符合人才培养质量的各项指标要求。

(3)对教学资源的监控。教学资源包括软件资源和硬件资源,对创新创业人才培养具有保障功能,是质量监控中的重要一环。本研究将教学资源的监控解释为资金保障、师资队伍和实训基地建设等。资金保障也就是经费投入方面稳定且足够使用,这是高职院校开展创新创业教育的基础性条件。高职院校的经费来源主要包括中央财政、地方财政的专项和生均经费,学校自筹经费和社会资助。对经费的监控,主要是总经费、年生均经费与标准经费的比较,与本校上一年的纵向比较和与本区其他高职院校的横向比较,不能低于平均水平。师资队伍是高职院校创新创业教育质量保障的重要条件。对于教育而言,师资力量是保障教学质量的基本条件。师资队伍的监控指标主要是学历、数量、经验、结构等因素。高职院校的师资队伍主要强调双师型师资队伍,尤其是企业经验丰富的师资队伍。教师素质主要是教师的创新性教学能力、教师的创业指导能力、教师的科研成果与创业实践衔接能力、教师捕捉创业信息的能力(教师继续教育培育计划与实施)等。创新创业教育实训基地建设主要包括具有真实工作环境的校内实训基地的数量与建筑面积,校内实训基地的利用率,校外实训基地的数量、建设水平和利用率,以及科技园、孵化器等提供的服务能力等。

(二)教学运行质量监控目标

高职院校的教学过程一般都是由理论和实践两个部分有机组成,创新创业教育教学活动质量监控的形式基本上按照教学的基本规律,在理论和实践两个层面开展质量监控行为。理论层面包括课堂教学的系列环节,强调课堂教学效果,目前也在突出过程性考核的手段;实践层面主要是组织学生开展创业活动或者是在实训室(实验室)中开展创业行为的质量检测等。

(三)教学输出质量监控目标

教学输出的产品是学生,因此,对教学输出质量的监控,也就是对创新创业人才培养质量的监控,主要包括对学生创业能力、创业资格证书、创业参与率、创业成功率以及创业学生跟踪调查(学生满意度和社会声誉等)等的监控。

构建执行层:整合全员参与的监控组织、建立系统的监控制度、设计全过程的监控流程和多元的评价指标。

教学输出质量监控目标有以下几方面:

(1)组织机构体系

创新创业教育教学质量监控组织机构是指实施教学质量监控管理的有关机构和人员,主要由学校、二级学院和教研室、教师、学生四个层次构成。

第一层次是学校教学质量监控与管理机构及人员,由主管校长、创新创业指导中心、教务处、教学督导委员会及其管理人员组成,形成创新创业教育教学质量管理决策、教学过程监控和教学质量评价"三位一体"的教学质量监控模式,在教学质量监控中起主导、组织、调度、指挥和监督作用。其中,创新创业指导中心和教务处作为集中的监控机构,根据学校创新创业教育教学质量管理制度对整个教学过程进行全方位的监控,主要侧重于监督。教学督导委员会包括校内督导人员和校外专家,主要侧重于评估。

第二层次是二级学院和教研室教学质量监控管理机构及人员,由二级学院院长—分管教学院长—教学秘书等二级学院管理人员和教研室主任组成。二级学院主要是制订结合所属专业的创新创业教育教学计划,组织课程安排,开展教学质量研究及教学质量检测,对教学环节进行教学检查,进行教学基础建设,对教研室的教学活动和学生的学习活动进行管理等,二级学院侧重于检查。教研室主要是根据教学质量管理的目标和教学计划要求,对所属课程的各个教学环节进行组织管理。同时,教研室主任负责本教研室老师的各种教学活动,教研室侧重于执行。

第三个层次是教师。教师主要是对学生的学习质量进行监控,教师主要侧重于落实。

第四个层次是学生。由学生组成学生评议教学委员会,对学校的管理和任课教师的教学情况进行评价,学生主要侧重于反馈。

（2）制度保障体系

对创新创业教育教学质量监控制度的管理,主要是通过建立教学质量管理的规章制度,有效组织教学相关组织机构,使教学相关管理活动、各个教学环节规范、科学、高效运转,确保教学质量的稳步提高。教学质量管理规章制度主要包括:一是教学检查制度;二是学生评教、领导评教、同行评教、行业专家评教、师生评管制度;三是领导、教师听课制度;四是教师评学制度;五是学生教学信息员制度;六是教师教学质量考核制度;七是教师岗前培训制度;八是学生课程考核管理制度;九是试卷分析制度;十是创业设计评估制度;十一是毕业生创业情况调查制度;十二是实践教学评估制度;十三是课程建设评估制度;十四是教学状态评估制度;十五是教学事故处理制度;十六是教学督导制度,等等。这些制度的建立和实施初步形成了创新创业教育教学质量监控制度的管理体系。

（3）激励约束体系

教学质量监控激励约束体系也是教学质量监控体系的一个重要组成部分,其作用是依据监控评价结果,对教学活动的主体——教师、学生以及教学管理人员等进行行为上的激励与约束。激励的形式主要包括物质的激励、精神的激励(如成就感、认同感与荣誉感等)、需求的激励(满足自身需求、实现自身价值)、竞争的激励等。约束体系是从抑制角度出发,通过一系列制度措施来防止偏离管理目标的行为发生。约束机制主要有制度约束、环境约束、自我约束和道德约束。

（4）督导评价体系

督导评价体系是教学质量监控体系的一个重要组成部分。教学质量督导体系大体由以下三个方面构成:一是建立教学质量督导机构及专门负责教学质量督导评价的工作部门,主要是对收集的信息进行处理、说明与判断,找出、分析并诊断问题;二是进行校内经常性教学质量督导评价;三是对学校办学水平和教学质量做出准确的评价,为教学改革及学校改善管理措施提供依据。

构建支撑层:搭建多渠道的信息反馈平台。教学质量信息,是指反映教学质量管理对象及管理过程状况的各种消息、数据、记录、文件、报表等。教学质量信息的采集、处理和反馈是联系教学质量监控体系其他各个环节的重要纽带。创新创业教育教学信息反馈平台最主要的工作内容是跟踪在校和离校学生的创业信息,收集反馈信息,建立数据库。

该平台包含以下几个部分。

（1）信息收集系统。主要由学生、教师、教学管理人员、教学督导人员、院领导以及校外信息反馈渠道收集的直接反馈教学质量的信息系统组成。主要功能是通过各个渠道全面地收集教学质量信息。

（2）信息加工系统。主要功能是将收集到的信息按需求进行整理、筛选、分类、分析、汇总、编写报告等，使之成为有用的质量信息。

（3）信息储存系统。主要功能是将整理提炼好的质量信息分门别类以文件、数据库、档案等形式进行存储，以供学院使用。

（4）信息输出（反馈）系统。主要功能是通过红头文件、会议、书面、口头告知等多种形式向学院相关部门提供其所需的质量信息。

（5）信息技术支撑（平台）系统。主要是教学质量信息反馈所依托的软环境（计算机、网络及相关信息处理软件），给信息反馈者以方便的信息通道，便于质量信息的反馈和信息数据的有效处理，为信息收集、信息处理和信息输出提供技术保障。

三、高职院校创新创业教育教学质量的指标评价体系

质量评价是创业教育管理的核心环节，它与创业教育的效果和目标息息相关，质量评价是否具有完善的评价指标体系和科学的评价方法直接决定着能否取得客观、全面的质量评价结果。要根据区域经济社会发展的需要和创新创业人才培养的要求架构质量评价体系，高度重视通过实践教学来培养学生创业能力的重要性和价值所在，并积极为促进学生参与实践教学活动创造条件，科学评价学校创业教育的发展状态，定期出版创业教育白皮书，使大力推进高职创业教育能够在社会和学校取得广泛共识。

科学的教学质量评价体系是教学质量监控的基础，而建立评价指标体系是教学质量评价的核心问题。本研究根据"能力为中心""人的全面发展""创新型教师"和"终极性与形成性结合、多维度、动态性"等评价观，设计出创新创业教育教学质量评价指标，包含 5 个一级指标，15 个二级指标和 50 个三级指标，见表 4-1。

（一）师资队伍

创业师资队伍建设是关乎学生创业教育成功与否的关键。师资结构是指教师的年龄、学历等方面的信息，以此来判断教师是否具备创业教育工作的基本素质。创新创业人才的培养实际上是金字塔形的人才培养，能够创业、勇于创新的高技术技能人才非常受企业欢迎，而这部分人才的培养必然是高于一般学生的培养，无论是在人才培养方案的设计，还是在教学方式的改革上，都需要从业者进行创新，甚至是重构。这需要师资队伍具有较强的理论教学能力和实践从业经验，并能够用人格魅力去影响受教育者，使得创业活动得以顺利进行并取得预期成效。这一影响因素可用以下指标衡量：论文被引用次数；带领学生成功创业率。

表 4-1　高职院校创新创业教育教学质量评价指标

总指标	一级指标	二级指标	三级指标
A 创新创业教育教学质量绩表	B1.学生素质	C1.创业素质	D1.创业意识和精神
			D2.人格品德素质
			D3.创业知识素质
			D4.身体心理素质
		C2.创业能力	D5.组织领导能力
			D6.经营管理能力
			D7.社会交往能力
			D8.专业技术能力
			D9.开拓创新能力
			D10.个性发展能力
		C3.创业效果	D11.创业(成功)率
			D12.创业水平
			D13.创业社团影响
	B2.师资队伍	C4.师资结构	D14.专兼职结构
			D15.年龄结构
			D16.学历结构
		C5.师资素养	D17.情意与规范素养
			D18.知识素养
			D19.能力素养
		C6.师资培训	D20.培训形式
			D21.培训内容
	B3.学校环境	C7.组织领导	D22.领导素质、决策和作为
			D23.专职机构
		C8.校园文化	D24.制度建设
			D25.学校精神
			D26.创新创业论坛
			D27.创新创业信息发布和宣传
		C9.创业平台	D28.实习实践
			D29.创业实体支持
			D30.创业后续服务

续表

总指标	一级指标	二级指标	三级指标
A 创新创业教育教学质量绩表	B4.课程教学	C10.创业学科	D31.独立学科
			D32.准学科
		C11.创业课程	D33.课程学分
			D34.必修课程
			D35.选修课程
			D36.短训课程
		C12.教学方法	D37.参与式方法
			D38.方法掌握
			D39.教学导向
			D40.教法交流
		C13.教学条件	D41.教学规模
			D42.教室设置
	B5.社会声誉	C14.学校名气	D43.校企关系
			D44.科研成果
			D45.媒体报道
		C15.社会服务	D46.咨询服务
			D47.公益事业
			D48.社会实践活动
			D49.社会效益
			D50.校友支持

(二)学生素质

在创业过程中取得成功的创业者都有其独到之处。学生的一些素质是天生就有的,如身体的健康和从父母之处承袭的优良品质。一些素质是要靠后天养成的,这些素质要通过教学环节、社会实践和改革创新获得。这些品质中,高职院校创新创业人才培养需要关注核心品质,也就是通过各种手段强化其后天品质的养成。因此,我们将学生在创新创业活动中素质养成的影响因素分成几个指标:创业课程的出勤率;创业课程的参与率;把创业作为职业选择的学生比例;持有营业执照的新创学生企业数量;学生创业的成功率;学生的一次性就业率。

(三)核心课程

核心课程是与创业联系较紧密、范围较窄、内容精练务实的课程。在对国外多所高校的调查和总结的基础上,国内有学者将创业课程概括为创业意识课程、创业知识课程、创业能力素质课程和创业实务操作课程四大类;也有学者认为要分成创业的财务面课程、创业的操作面课程、创业的策略面课程、创业的法律面课程、特定产业研究课程、环境面课程、个人面课程、整合性之创业实作课程、特定议题之创业实作课程九类。对于核心课程可用以下指标进行衡量:核心课程开设率;一体化课程的学时数和数量;创业知识在现有课程的渗透程度;实践课程的学时数和学生参加率。

(四)教学方法

以往的教学以教师、教材为中心,把考试成绩作为学习效果的衡量指标,创业教育则是对这种教学方法和考核制度的颠覆。创业教育要求在教学中增加商业实战内容,以学生为中心,提倡创业者、教师和学生之间的互动式教学。主要的教学方法有:(1)邀请成功企业家来校做创业演讲;(2)指导学生编写创业计划书;(3)以团队的方式开展商业模拟练习;(4)训练学生的商业谈判技能;(5)组织学生进行社会调查,寻找创业机会;(6)鼓励学生为企业提供咨询服务;(7)搜集企业案例并进行案例分析课程等。为避免重复,对于教学方法可用以下指标衡量:企业家访问演讲数;以商业计划、调研报告作为成绩评定依据的课程比例;案例教学的比例。

(五)创业环境

(1)创业教育的软环境。创业教育的软环境是指学校通过政策和措施营造出来的创业氛围、创业校园文化,推崇创业、宽容失败、鼓励创新的环境会使学生更加愿意从事创新活动,具有创新创业的意愿,并为之付出努力。具体包括创业社团数量、创业竞赛活动数量和学生创业的社会认知度。

(2)创业教育的硬环境。创业教育的硬环境是指学校提供的经费、创业基础设施和各种保障措施,是保障创业精神的传播、创业行为的开展、创业文化的形成的基础。这一影响因素可用以下指标进行衡量:创业园管理队伍水平,创业园硬件设施,接待学生创业量,获创业活动经费的学生覆盖率,创业园中参加创业教育课程后的学生创业比率,政府的支持性政策出台情况,学校在学分等方面的支持,风险机构的融资支持等。

第三节　高校创新创业教育质量监控运行机制

一、着力打造高效的组织机构与高素质的教师队伍

对于高职院校的创新创业教育工作,仅仅依靠专任教师队伍是不可能完成、不可能取得较高质量的。高素质的管理队伍和顺畅的管理机制是确保高职院校创新创业教育质量的重要保障。高职院校要建立科学有效的管理架构,使得组织运转高效顺畅,使得质量监控行为有力有效,应建立专门的质量监控组织机构和服务体系,组建学校创新创业教育领导小组,由学校领导亲自挂帅,各职能部门分工明确,独立运转,协同配合。教务处、创业教育学院、各二级学院之间建立起无缝对接的工作机制,共同推进创新创业教育工作。在高职院校的创新创业教育师资队伍建设上,前面已经做了不少阐释,本节就不再详细论述。

二、加快建设创新创业教育教学质量监控保障机制

高职院校要根据学校办学的需要,按照人才培养的特点,对创新创业教育制度进行废改立,尤其是创新创业人才培养的目标、培养方案和质量监控制度。因为,区域经济社会发展是始终在变化的,不存在一成不变的制度。现在高职院校一般都重视制度的建立,但在制度顶层设计上明显不足,在制度修订上有所欠缺。高职院校要在创新创业人才培养教学工作流程、创新创业人才培养工作领导小组业务流程、不同专业创新创业人才培养方案、创新创业人才实训基地管理办法、大学生创业园入园管理办法、大学生创业园孵化工作条例、大学生职业技能大赛的工作流程和管理办法、大学生创新创业大赛的竞赛规则、大学生创新创业教育教材开发与管理、大学生参加创业活动的德育考核制度、大学生创新创业教育奖学金评定办法等方面进行制度创新,以完善的制度规范高职院校创新创业人才的培养,有效提升高职院校的创新创业教育水平。

一是要在人才培养保障机制上进一步创新。任何创新创业教育活动的开展,都需要一定的资源进行保障,这些资源可能是资金,也可能是政策,或者是师资队伍等,保障措施是教学质量的重要组成部分。高职院校要加强对创新创业教育经费投入的规划,每年在年度经费预算中,要确保有足够的经费可以促进高职院校创新创业教育质量监控行为的开展。要在设施设备等方面给予足够的供应,要建立经费、仪器设备等资源投入的标准,并确保每年以适当的额度增长,使得教育教学质量监控行为得以完全进行。同时,也要高度重视高职院

校的创新创业教育质量监控工作的软件保障建设,要建立科学有效的质量软件保障机制。譬如高职院校的决策层对于创新创业教育质量监控工作的重视程度,各项质量监控制度的设计是否科学并得到落实,各项工作机制的开展是否通畅有序,各有关部门的责任意识和职责范围的界定是否清晰明确,等等,都要有具体的措施。高职院校针对保障措施上的各项指标必须要做到一一对应,寻找工作短板,制定有效措施补足短板,强化高职院校创新创业教育质量监控工作的作用功效,提高创新创业教育教学活动的效果。

二是要在激励机制建设上进一步创新。高职院校要高度重视激励机制的建设,要运用好激励的杠杆作用,通过激励机制的运转,激发全校教职员工投身于创新创业教育质量监控工作,共同提高创新创业人才培养质量。因此,建立有效的创新创业教育激励机制是高职院校创新创业教育质量监控工作的必由之路。对于创新创业教育质量监控的激励机制,本研究认为,主要还是激发高职院校师生员工,尤其是从事创新创业教育的教职员工的内生动力,以制度为基石,以机制为引导,通过利益驱动机制、荣誉评价机制、末位淘汰机制等相互作用,既体现创业团队的价值指标,也为教职员工大力推进创新创业教育,提高人才培养质量做出贡献。对在创新创业教育中做出突出贡献的教职员工,除了既定的物质奖励之外,还要在精神层面给予一定的奖励。

参考文献

[1]罗公利,肖焰恒,边伟军.中国科技企业孵化器的创新与发展[M].北京:科学出版社,2009.

[2]黄俊杰.全球化时代的大学通识教育[M].北京:北京大学出版社,2006:1—20.

[3]何建坤等.研究型大学技术转移——模式研究与实证分析[M].北京:清华大学出版社,2007:72—78.

[4]石国亮.大学生创新创业教育[M].北京:研究出版社,2010.

[5]黄兆信.地方高校创业教育转型发展研究[M].杭州:浙江大学出版社,2013.

[6]金爱国,孙启香.专业创业教育创新育人新模式[M].北京:中国文史出版社,2015.

[7]刘丽君.知识创业教育导论——理工科研究生创新创业型人才的有效培养模式研究[M].北京:北京理工大学出版社,2010.

[8]康宁.中国经济转型中高等教育资源配置的制度创新[M].北京:教育科学出版社,2005.

[9]孙德林.创新创业多样化人才培养模式研究[M].北京:科学出版社,2014.

[10]黄光扬.学生创新精神与实践能力的培养[M].北京:国家行政学院出版社,2013.

[11]高志宏,刘艳.创新创业教育的理论与实践[M].南京:东南大学出版社,2012.

[12]方琳,袁璐.跨界:开启互联网与传统行业融合新趋势[M].北京:机械工业出版社,2015.

[13]范国睿.教育生态学[M].北京:人民教育出版社,2000.

[14]贺祖斌.高等教育生态论[M].桂林:广西师范大学出版社,2005.

[15]张慧洁.中外大学组织变革[M].上海:复旦大学出版社,2005.

[16]张红云.21世纪初我国高等职业教育政策发展研究[D].天津:天津大学,2013.

[17]石磊.高职院校大学生创业教育研究[D].金华:浙江师范大学,2013.

[18]安戈锋.我国高校创业教育课程体系建设的理论与实践研究[D].北京:北京工业大学,2010.

[19]张莉莉.高等职业院校教学质量监控体系研究[D].石家庄:河北师范大学,2009.

[20]杨晓南.北京市某高校大学生创业能力研究[D].北京:北京交通大学,2011.

[21]胡昊.我国研究型大学创业教育模式研究[D].杭州:浙江大学,2011.

[22]刘宗南."跨学科人才培养"课程建构方法论[D].武汉:武汉大学,2004.